中京大学経済学研究叢書第21輯

イギリス住宅政策史研究一九一四～四五年

——公営住宅の到来と郊外化の進展——

椿　建也 著

keiso shobo

イギリス住宅政策史研究一九一四〜四五年——公営住宅の到来と郊外化の進展

目次

はじめに　v

序　章　イギリス住宅政策史における両大戦間期および第二次世界大戦の位置づけ……1

第一章　第一次世界大戦前の住宅問題と住宅改革——公的住宅政策の形成期……7

一　労働者住宅の供給　7

二　住宅問題の性格　14

三　都市中心部のスラムと過密居住の解消——官民の対応　16

四　郊外化を介した住環境の改善　21

五　田園都市運動の展開　23

六　大戦前夜の民間住宅市場の停滞と危機　27

第二章　両大戦間期の公的住宅政策と郊外化……33

一　公営住宅政策の成立　33

二　住宅立法の展開と政策の変遷　36

三　一九三〇年代の民間住宅建設ブームと郊外化の拡がり　40

四　郊外型公営住宅団地の実態――ロンドン州議会のウォトリング団地　43
五　公営住宅政策の特色と成果　53

第三章　第二次世界大戦と住宅問題……61
一　社会政策の画期としての第二次世界大戦　62
二　戦後再建と住宅・都市計画論の台頭　64
三　住宅をめぐる専門家の議論　68
四　民主的計画化と住宅世論調査　72
五　「住居の設計」小委員会の審議過程　77
六　『住居の設計』報告の提言内容　79
七　報告に対する反響　87
八　住宅政策と政治　89
九　『住居の設計』報告の意義　91

終　章　公営住宅の到来と郊外化の進展……95
一　公的住宅政策のイギリス的あり方　95
二　郊外化をめぐる議論　102

三　結びにかえて　107
あとがき　111
註と典拠　*xv*
図版一覧　*xi*
索引　*i*

はじめに

本書は、両大戦間期を中心に、イギリスにおける公的住宅政策の成立と展開について論じたものである。(1)

一般に公的住宅政策とは、住宅資源に乏しく、自力では市場で適切な規模や水準の住居を確保することが難しい社会層に対して、公的枠組みと支援のもと、比較的安価で良質の住宅を提供する政策を意味する。通常、国や地方自治体、または住宅協会や協同組合など非営利の住宅組織がその主要な担い手となる。場合によっては、公的助成を受けて活動する民間事業者もここに含まれるだろう。

イギリスの公的住宅政策の起源は、十九世紀後半の住宅改革運動までさかのぼることができる。当時、劣悪な居住環境にあった都市の下層階級に、衛生的な低廉住宅を提供するために多くの半慈善的な住宅組織が設立され、政府や地方当局も不良住宅やスラムへの取り組みを開始した。世紀転換期からは、より理想的な生活環境の実現をめざす田園都市の運動も展開された。公的住宅政策の形成期を担ったのは、こうした組織や活動であった。

ところが、イギリスではその後、第一次世界大戦を機に、国庫助成を受けた地方自治体が賃貸住宅を直接建設・管理する公営住宅制度が成立し、二十世紀の大半の時期を通じて公的住宅政策の根幹をなすことになった。これが、今日も各種非営利組織が公的住宅の主要な担い手であり続ける、ドイツやフランスなどヨーロッパ大陸諸国と比較した際の、イギリスの顕著な特色である。なぜこうした分岐が生じたのか。「公営住宅」の成り立ちを問うことが、本書の第一の課題である。

今日のイギリス、なかんずくイングランドとウェールズは、人口の六割が郊外居住者からなり、ヨーロッパでも随一の郊外型のライフスタイルをもつ国であるといわれている。イギリスにおける社会と住宅の関係を考えるとき、もう一つ重要な論点となるのが、この郊外化という現象の歴史的評価であろう。公的住宅政策の成立とも分かちがたく結びついた郊外化のプロセスをたどり、これをめぐる議論を検討することが、第二の課題である。

さらに、イギリスの住宅政策にとって第二次世界大戦は、両大戦間期に成立する公営住宅政策の成果を踏まえて、その課題を検討し、新たな戦後に向けて住宅のあり様を展望する機会を提供していた。本書では、そうした観点から、庶民の住宅のあるべき姿を総合的に描いた報告を軸に、住宅をめぐる第二次大戦期の動向を考察する。

なお、本書の表題にはイギリスを掲げたが、主な考察対象はイングランドとウェールズである。歴史的に見ると、スコットランドの主要都市は、主として土地保有形態に起因する特有の住宅市場のあり方から、十九世紀を通じて、ヨーロッパ大陸諸国と同様、戸建て中心のイングランドとウェールズとは対照的な集合住宅の居住形態が普及した。同時にしかしスコットランドは、イギリスの公的住宅政策の成立に重要な役割を演じており、また両大戦間期には、イングランドとウェールズに準ずる住宅法制の整備が進み、公営住宅政策にかんしてはむしろ収斂の過程にあった。

序　章　イギリス住宅政策史における両大戦間期および第二次世界大戦の位置づけ

イギリスの代表的な現代史家ピーター・クラークは、二十世紀初頭の住宅事情について次のように記している。

一九世紀末にもなると、住宅の所有は社会的な広がりを示し、労働者階級の中にも借家人ばかりでなく、家主も見られるようになった。しかし、第一次大戦前の持ち家所有者の全国数値はそれほど高くなく、全戸数の一〇パーセントにすぎなかった。長期的に物価がまずまず安定している時代には、単にインフレ対策として住宅を購入することは合理的でなかった。あらゆる階層の人々が賃貸で満足していたのである。地方に広大な地所を抱える貴族でさえ、社交シーズン用の都市の別邸は借家の場合もあった。専門職の家庭も、持ち家を所有することが体面上必要だとは考えなかった。また、とくに大都市の労働者階級は仕事のため、また少しでもより快適な住居を求めて、あるいは安い家賃につられて賃貸住宅を「転々とする」ことに慣れっこになっていた[1]。

二十世紀初頭、大半のイギリス人は民間賃貸住宅に暮らしていた。ところが、第一次世界大戦を境に、この民間賃貸部門が長期的に衰退する一方、持ち家の比率が着実に上昇するとともに、一九一四年には微々たるものにすぎなかった公共賃貸部門が徐々に拡大し、一九七〇年代には国民の三割に住居を提供する状況が出現した（表1）。

イギリスは、十九世紀以来、工業化にともなう都市化の諸問題に対処してきた長い歴史を有している。都市労働者の劣悪な住

表1　20世紀イギリスにおける住宅ストックの成長と保有形態の推移

	総ストック	持ち家	公営住宅	民間賃貸	住宅協会
	（100万）	（%）	（%）	（%）	（%）
			（1）イングランド・ウェールズ		
1901	6.7	n. a.	n. a.	n. a.	n. a.
1914	7.9	10	a）	90	b）
1939	11.5	33.0	10.3	56.7	
1953	12.7	34.5	18.8	46.6	
1961	14.5	44.4	24.3	31.3	
1971	17.0	52.1	28.2	18.8	0.9
1981	19.1	58.6	28.6	10.7	2.1
1991	20.9	67	20	10	3
1993	21.3	69.5	19.7	7.5	3.3
			（2）連合王国		
1981	22.6	55	30	11	2
1991	23.7	66	22	9	3
1993	24.1	66	20	9	4

n. a. - figures not available; a）推定値 0.3%（3,000 戸）, b）推定値 0.6%（6,000 戸）

出典）（1）A. H. Halsey, *British Social Trends since 1900* (Basingstoke: Macmillan, 1988), Table 10.1; Department of the Environment, *Housing Policy Technical Volume Part I* (London: HMSO, 1977), Table I. 23; A. E. Holmans, *Housing Policy in Britain* (London: Croom Helm, 1987), Table V. 1; A. H. Halsey and J. Webb, *Twentieth-Century British Social Trends* (Basingstoke: Macmillan, 2000), Table 14.12; P. Malpass and A. Murie, *Housing Policy and Practice* Fourth Edition (Basingstoke: Macmillan, 1994), Table 1.1;（2）Central Statistical Office, *Regional Trends 1995 edition* (London: HMSO, 1995), Table 6.1, 6.2.

環境の告発と一八四〇年代の公衆衛生法の成立を端緒とする住宅政策の展開は、地方当局に不良住宅の処理と新規住宅建設の権限を付与した一八九〇年の労働者階級住宅法によって、公的な政策体系の一応の基礎固めをする。しかし、住宅問題に対する本格的介入は二十世紀を待たねばならなかった。すなわち、第一次大戦期の深刻な住宅危機を直接の契機として、家賃統制による借家権の保護がはかられるとともに、一九一九年には地方当局に対する中央政府の建設助成金が初めて認められ、これ以後、一九七〇年代にかけて、地方自治体による公営賃貸住宅の大量供給を基軸とする特徴的な住宅政策が実施されることになった。

こうしたイギリスの公的住宅政策が、国際比較の観点からはむしろ例外であることは早くから指摘されていた。[2] 例えば、ヨーロッパ大陸諸国でより一般的だったのは、「社会住宅」の名のもとに、主に協同組合や住宅協会など各種の非営利住宅組織が公的住宅の供給を担う仕組みであり、自治体自体の比重は低かった（表2）。これにはさらに、ドイツなどで見られたように、政府の助成を受けて民間家主層が提供する住宅も含まれていた。つまり、多くの大陸諸国では、公的補助を受ける民間賃貸部門を包摂した、より広い基盤をもつ公的住宅政策が確立していたということができる。

その後、「福祉国家の危機」の議論を受けて新自由主義が台頭したイギリスでは、

表2　ヨーロッパ諸国の住宅保有形態 1990 年

	持ち家	公営住宅	民間賃貸	住宅協会（非営利）
	（%）	（%）	（%）	（%）
フランス	53	1	30	16
ドイツ（統一）	37	–	38	25
デンマーク	58	3	21	18

出典）A. Power, *Hovels to High Rise* (London: Routledge, 1993), Table 1.1 より作成。

一方で公営住宅の購入権の確立と持ち家取得のさらなる拡大を軸とする住宅供給の市場化が進んだが、他方、公的住宅政策の分野でも、一九七〇年代以降、「社会住宅」の概念が導入されて再編が進行した。自治体と連携・協調する住宅協会への公的補助が拡充され、さらに近年、既存の公営住宅の住宅協会への大量移管などの施策を通じて、自治体に代わる各種の非営利住宅組織を供給・管理の主要な担い手とする公的住宅政策が模索されて、今日にいたっている。

イギリスの住宅を取り巻くこうした環境の変化は、その研究史にも影響を及ぼしている。従来、公営住宅の供給を柱とする住宅政策の成立過程は、十九世紀後半の住宅問題に対する認識の高まりを背景に、慈善団体を中心とする民間による解決策の限界が露呈し、必然的に公的介入を招いたとする、社会政策的立場からの、目的論的な解釈を前提に議論されることが多かった(3)。そこでは「公営住宅の到来」は、十九世紀後半の住宅問題に対する当然の帰結として描かれていた。しかし近年の研究は、この過程を当時の社会経済史のなかに位置づけ、第一次大戦前の民間住宅市場のあり方、代替的な住宅供給をめぐる官民の動向、当時の政策論争などを視野に収めて検討するようになった(4)。むしろイギリスにおける「公営住宅の到来」の所以が問われることになったと言ってもよい。

いずれにせよ、イギリスでは両大戦間期を起点に住宅保有形態の大きな転換が生じており、これはとりもなおさず同時期に採用された公的介入政策や、イギリスにおける住宅改革の方向性と密接に関わっている。両大戦間期が、二十世紀のイギリス住宅史・住宅政策史の大きな転換点をなしていることは確かである。また、フランスやドイツなどとの比較という観点からは、イギリス特有の公的介入のあり方、そこにいたる経緯や背景が重要な意味を持つであろう。

本書では、近年の研究動向を踏まえながら、両大戦間期を中心に、イギリスにおける公的住宅政策の成立と展開を、住宅改革の基調をなした郊外化の動向に着目しつつ論じてみたい。まず第一章では、第一次大戦前の住宅事情、住宅問題とこれに対する官民の対応を考察し、イギリスにおける公的住宅政策の形成期の特徴を明らかにする。続く第二章では、第一次大戦を契機として成立する公営住宅政策の両大戦間期の展開を概観し、その特色と成果を検討する。

第二次世界大戦期が、ベヴァリッジ報告に基づく戦後イギリス福祉国家の形成史のなかで重要な位置を占めていることはよく知られているが、住宅政策は、両大戦間期に成立した公営住宅制度が一九四五年以降も存続することから、本質的な改革はなかった政策分野とされてきた。しかし、住宅の大規模破壊と戦時の建設停止による深刻な住宅難という事態を前に、当時、多くの一般市民や住宅問題に携わる者にとって、住宅復興は最大の関心事であり、活発な社会的議論が展開された。それは一面では、両大戦間期の住宅政策を検証する作業でもあった。そこで第三章では、住宅政策の新たな指針となった諮問委員会の報告『住居の設計』の内容を軸に、第二次大戦期の住宅をめぐる動向を考察する。

終章では、イギリスの公的住宅政策にかんする二つの重要な論点、すなわち、公営住宅政策の成立の要因と、郊外化を通じた住宅改革の評価をめぐる議論を検討したい。

第一章　第一次世界大戦前の住宅問題と住宅改革――公的住宅政策の形成期

本章では、第一次世界大戦以前の都市の労働者階級の住宅事情、民間主体の住宅供給のあり方の説明を踏まえて、形成期の公的住宅政策の特徴を検討したい。その際、早くからイギリスの住宅改革の主要な潮流となる郊外化の動向にも目配りし、これを世紀転換期に興隆する田園都市運動と関連づけながら考察する。

一　労働者住宅の供給

一八五一年からの五〇年間に、イギリスの総人口は二七四〇万から四一五〇万に増加し、一九〇一年のイングランドとウェールズの都市人口の割合は七八％に達した。グレーター・ロンドン（一九〇一年人口六五九万）は別格にしても、バーミンガム（同七六万）、リヴァプール（同六九万）、マンチェスター（同六五万）、さらにグラスゴー（同九〇万）といった大都市の成長が顕著であった。(1)

一般に十九世紀後半から第一次大戦にいたるこの時期、大多数の人々は民間の住宅市場を通じて供給される賃貸住宅に暮らしていた。そのなかで、労働者の典型的な住居は、大別して二種類あった。(2)

まず一つは元来、社会のより上層の家族向けに建てられた大きめの住宅を、数室あるいは部屋ごとに分割した複数世帯の共同居住の形態であり、テネメント tenements; tenement living と呼ばれ、古い中心市街地などに多く見られた。(3) また、とくにスコットランドでは、各住戸とも、複数の機能を果たす、広めの一〜二室からなり、衛生設備を共有する数階建ての専用の堅牢な集合住宅が特徴的な住居として発達し、これらもテネメントと呼ばれた。(4) 両者に共通するのは、一つ屋根の下の集住という点だったが、とりわけイングランドのテネメントは、プライバシーや基本的設備を欠いた雑居状態が過密居住の温床となり、また建物の老朽化とともにスラム住宅の代名詞となった。

数多くの地域的偏差を含みながら十九世紀を通じて広く普及したのが、テラスハウス terrace houses と総称された、各戸が一応独立の、主に二階建ての小住宅が長屋式に連なった形態の住居である。直接道路に面して建ち、通常スレート屋根で覆われた、同一規格のレンガ造の住宅が、幾重にも、また縦横に走っている労働者街は、十九世紀のイギリス工業都市に欠くことにできない光景となった。(5)

テラスハウスの原初形態は、工業化初期、都市のなかでも既存の地所の閑地や条件の悪い低湿地などで行われた高密度の無秩序な住宅開発に求められる。限られた敷地に最大数詰め込むために、住戸の背面を共有するように建てられたのが、背中合わせの狭小住宅、バック・トゥー・バック back-to-back houses であり、街区の内側を、小さな中庭を囲むように同じ形式の住宅で埋めたものはコート courts と呼ばれた（図1）。家族の日常的な居室は、台所兼居間 kitchen-living room のみで、調理、食事その他すべての機能がこの一室に混在していた(6)。そして、共同の洗い場や便所などの衛生設備は屋外にまとめて設けられていた(7)。都市への人口の大量流入にともなって、密集

図1　バック・トゥー・バック形式のテラスハウスの間取りとコートの構造
（19世紀前半バーミンガム市の例）

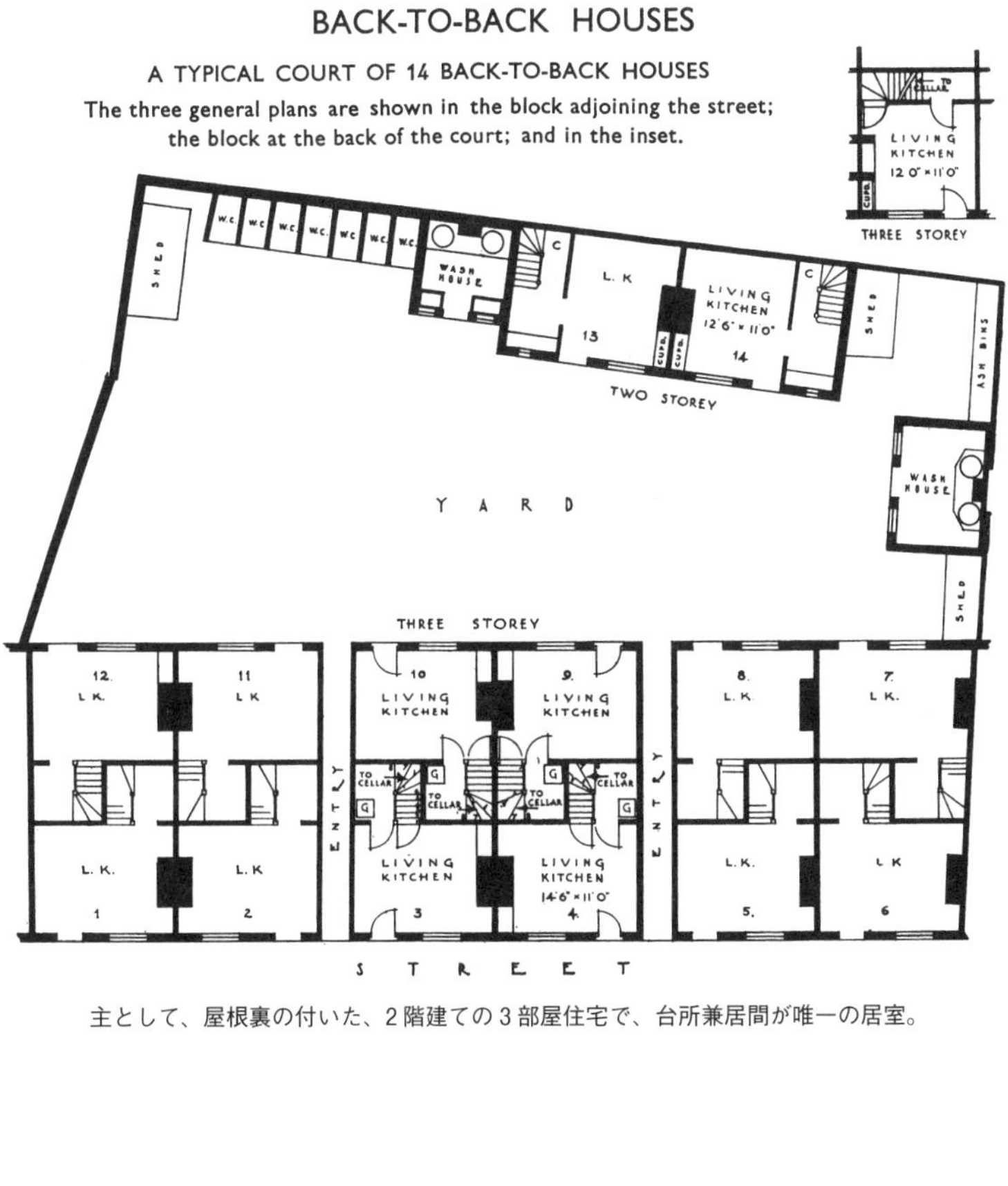

主として、屋根裏の付いた、2階建ての3部屋住宅で、台所兼居間が唯一の居室。

した最低水準の住宅と、工場や店舗が織り成す混沌とした町並みが出現し（図2）、工業都市の原風景を形成したのである。通風や衛生への配慮を欠いたこれらの住宅は、後に公衆衛生法によって建築禁止となり、またその多くが不良住宅に認定され、やはり住宅政策の対象となった。

後者の、労働者向けのテラスハウスは、主として賃貸市場を見込んだ民間の小規模な建て売り建築業者が供給し、これを多数の小規模家主が購入して、週単位の賃貸契約で貸し出していた。住宅不動産は、地域に根ざした小商工業者などの下層中産階級の一般的な投資先であり、[8]週単位の賃貸契約で経営される少数の家作がもたらす家賃収入は、本業を補う副収入や老後の年金、さらには家族の成員の生活保障の意味合いを帯びていた。[9]

民間の賃貸住宅が主流だったとはいえ、少数ながら、労働者上層や特定の産業で持ち家への強い志向が存在したことも事実である。家の所有は、雇用主に対する自由の証しでもあり、勤勉や節倹を旨とする「自助」のシン

図2　工業化と都市化が生み出した密集市街地の形状（バーミンガム市中心部の例）

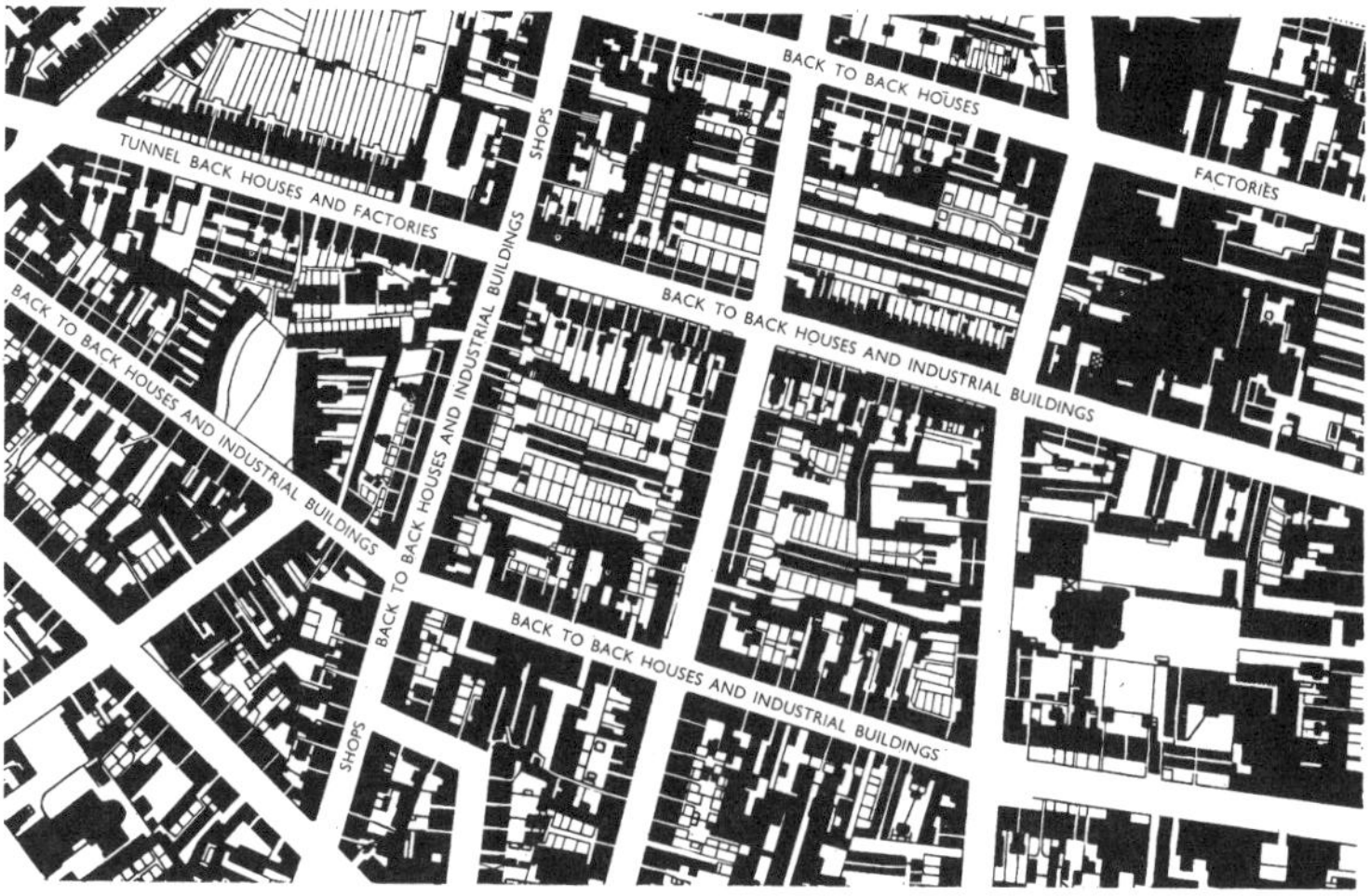

ボルでもあった。イギリスでは十九世紀後半、相互扶助を掲げて、共同出資者の住宅取得を目的に設立された当座性の住宅組合 building societies の多くが、預金と貸し出しを分離し、住宅購入資金の積み立てと融資のための恒久的な組織に転換する過程が進行した。また、炭鉱地帯の建築クラブなども同様の役割を果たしていた。協同組合運動から派生し、比較的小額のローンの提供を通じて労働者階級の持ち家取得を推進した住宅組合も存在し、工業都市によっては、住宅組合の会員の多数を熟練業種の職工階層が占める例も見られた。一八九六年の推計によれば、同時点での住宅ローンの融資件数は一一万五〇〇〇に上り、一八三六年以降、累計二五万人が住宅を取得していた(10)。同時にしかし、当時の恒久的な住宅組合は、労働者の住宅取得を支えるというよりは、民間家主への融資が中心であり、種々の共済機能を担い、会員間の親睦を重視した友愛組合 friendly societies とは異なり、労働者階級の生活文化に密着した組織とは言えなかった(11)。

民間住宅市場が提供する、賃貸を含む住宅建築は、次第に公衆衛生上の観点から公的規制の対象となった。とくに第一次大戦前の労働者住宅の供給に大きな影響を与えた一八七五年の「公衆衛生法」は、都市の衛生当局に建築条例を定める権限を付与していた。政府はさらに、同七七年にモデル条例を作成し、新築住宅を対象に、道路の幅員(三五フィート)、前後の開口部、窓面積、背後の屋外占有空間(一五〇平方フィート)、水道・排水など、建築基準の細目を規定し、地方当局にその採択を促した(12)。

これ以降、条例が事実上効力を失う第一次大戦までの時期、イングランドとウェールズの各地でその基準に則ったテラスハウス、いわゆる条例住宅 bye-law housing が多数建設され、住宅開発に一定の秩序を

図3　建築条例に則ったテラスハウスの究極的発展形態を示す間取り

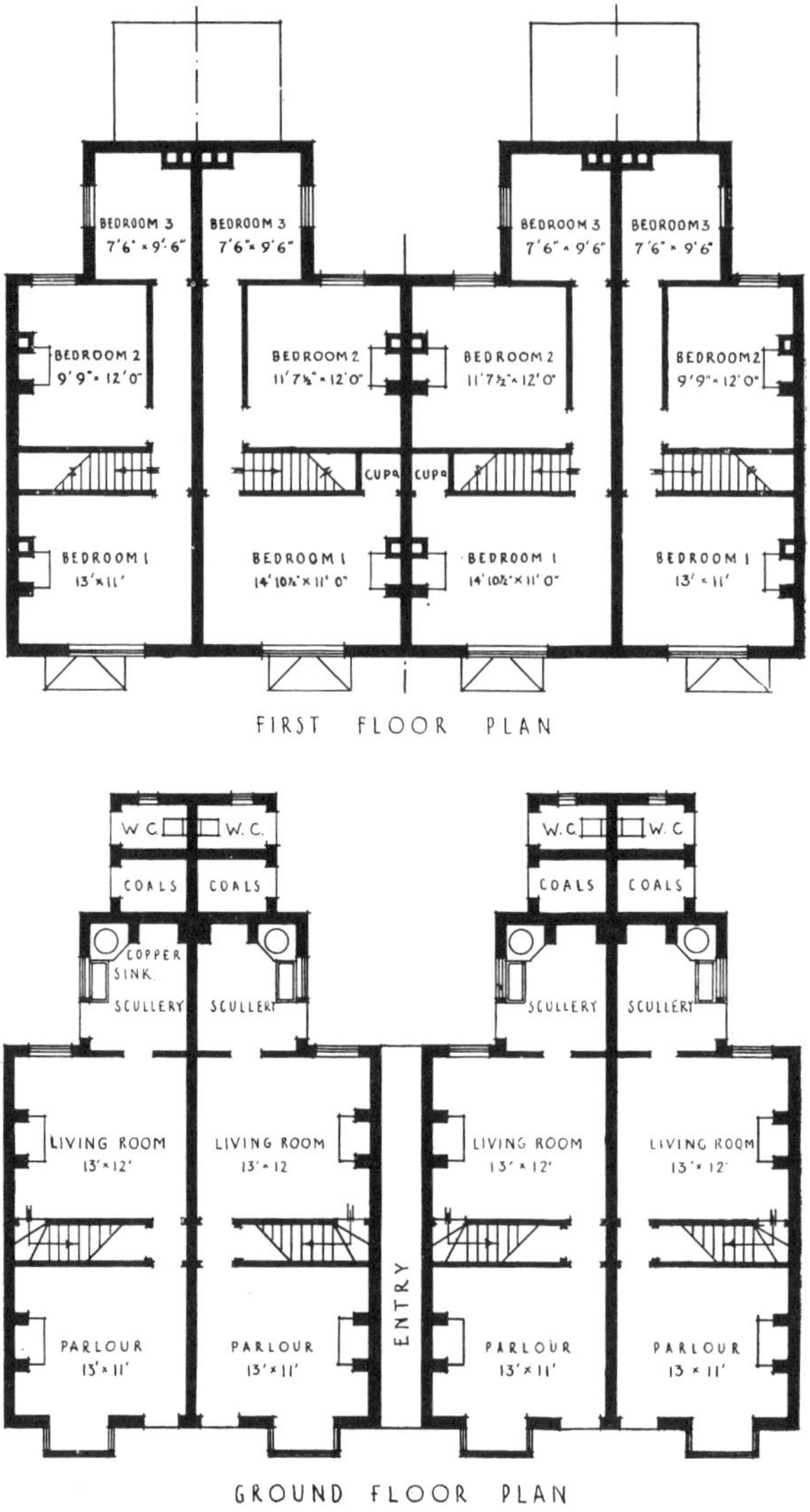

水洗トイレ WC や専用の流し場 scullery を備えた1階背面の延長部分が特徴的。

与えるとともに、住宅の質や設備の向上（ガスや上水道の普及・水洗トイレの導入）をもたらした[13]（図3）。居住水準の向上はまた、十九世紀末の実質賃金の上昇を背景とする居住者の、より快適な住居への要望と、市場の動向に敏感だった建築業者の利害を反映していたのである。

居住水準の向上の一つの表れが、調理などの台所仕事専用の流し場 scullery の登場で、これによってそれまでの台所兼居間は食事を含む通常の生活の場となった。居室の一つを、客間 parlour とする慣習が広まるのも、条例住宅の時代であった。労働者世帯の客間は、家の最上の家具が置かれ、日常的な団欒を排除した、週に一度の日曜の正餐や公式の来客時にのみ使用される特別の部屋で、労働者階級の価値規範とされたリスペクタビリティの象徴でもあった。しかし、流し場がなかったテラスハウスで客間を設けることは、台所兼居間での窮屈な日常生活を意味し、非合理的な空間の利用として、建築家や住宅改革家の批判の対象にもなった[14]。

一九〇一年には、イングランドとウェールズの人口の六一・一％が五部屋以上の住居を占有し、さらに二一・九％が四部屋住居に暮らしていた[15]。他方、都市の景観への配慮を欠いた、効率的、画一的な開発が生み出した条例住宅の高密度の硬直した町並み[16]（図4）は、世紀転換期から、田園都市運動など住宅改革家たちの批判にさらされることになる[17]。

二　住宅問題の性格

十九世紀の都市への継続的な労働人口の流入と集住は、都市の物理的環境の悪化をもたらしたが、なかでも工業化の進展や経済規模の拡大による都市機能の転換は、道路、事務所・商業・行政施設、鉄道の建設にともなう中心部の再開発と貧民の大量立ち退きという事態を引き起こしていた。例えば、一八五〇年からの五〇年間に、鉄道建設によって全国で約四〇〇万人が立ち退きを余儀なくされたと言われている(18)。

こうして、とくにロンドンその他の大都市中心部では、慢性的な住宅不足と高家賃を招来し、下層住民の一部地域への流入と滞留が起こり、過密居住の発生とスラム地区の形成につながったのである。不良住宅やその集合体としてのスラムは、細分化された狭隘な区画、狭小かつ劣悪な建築、採光・通風の不備、給水・衛生設備の欠

図４　条例住宅による宅地開発（19世紀後半のバーミンガム市の例）

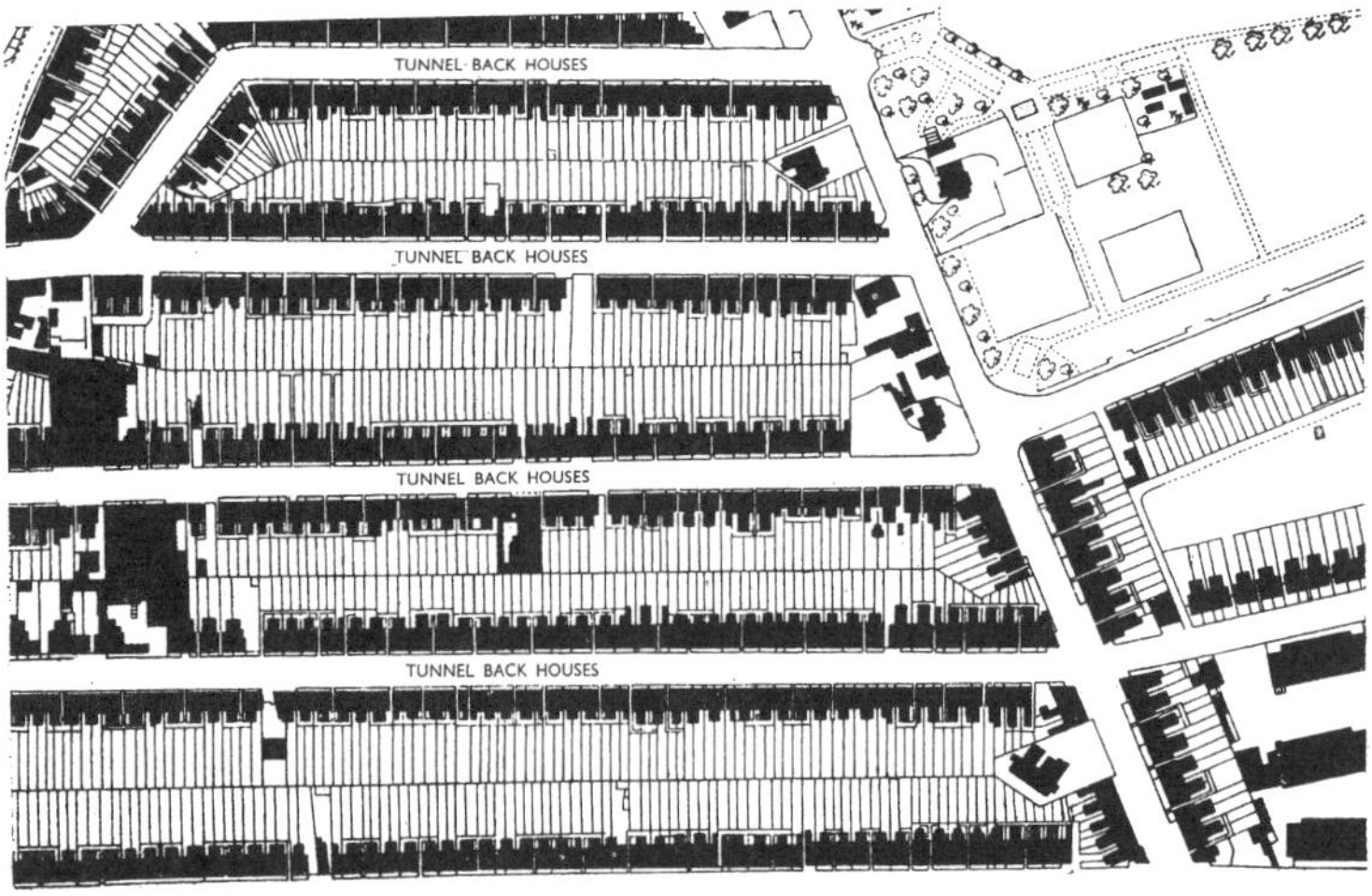

如などの構造的欠陥を抱えていた。また、雑居によるノミ・シラミなど害虫の蔓延から伝染病の発生源となり、性的・道徳的荒廃をまねいていると考えられた[19]。

一八九一年には過密居住度について初めて公的定義が与えられ、一室に成人二人以上（一〇歳未満〇・五人、一歳未満〇人）という甘い基準だったにもかかわらず、同年の推計は、イングランドとウェールズの人口の一一・二%、三五〇万人が過密居住の状態にあることを示していた。その後、過密居住度は、八・二%（一九〇一年）、七・一%（一九一一年）と漸減したが、全国平均は都市間、さらに同一都市内部の大きな差異を覆い隠していた。ロンドン中心部の労働者地区では、二十世紀に入っても過密居住が人口の三〇～四〇%にも達していた[20]。

賃金と家賃の相対比率で表されるコスト

表3　イギリス諸都市の賃金、家賃、過密居住度および住居の規模 1905–1911年

	家賃指数 (1905)	賃金指数（建築熟練工）(1905)	家賃/賃金比率	人口の過密居住度 (1911) %	3室以下の住居の割合 (1911) %
ロンドン	100	100	1.0	17.8	54.1
プリマス	81	80	1.0	17.5	56.6
ニューカッスル	76	90	1.2	31.6	58.3
サンダーランド	59	88	1.5	32.6	62.0
ブラッドフォード	59	83	1.4	9.3	43.2
リーズ	56	87	1.6	11.0	36.9
バーンリー	53	85	1.6	9.5	16.3
ブラックバーン	50	87	1.7	4.4	5.3
カーディフ	59	92	1.6	4.8	22.2
バーミンガム	59	98	1.7	10.1	33.7
ブリストル	53	93	1.8	4.8	24.1
レスター	48	94	2.0	1.1	6.1
エディンバラ	81	88	1.1	32.6	62.8
アバディーン	68	79	1.2	37.8	74.5
グラスゴー	79	91	1.2	55.7	85.2

出典）M. J. Daunton, 'Housing', in F. M. L. Thompson (ed.), *Cambridge Social History of Britain 1750-1950 Vol. 2 People and Their Environment* (Cambridge: Cambridge University Press, 1990), Table 4.3.

の負担は、同様に都市間の相違を含みながらも、居住水準との強い相関関係を示唆していた（表3）。また当時、低所得層の間では間借り人をおいて家賃支払いを支える慣習が広まっており、ロンドンを含めて相対的に家賃水準の高かった都市では、テネメント形態の共同居住と又貸しの比率が高かった[21]。

劣悪な住宅や過密居住は、貧困や健康状態の不良と密接に関連していた。一八九三年から一九〇二年までの一〇年間に、軍への入隊志願者のうち、身体検査で不適格とされた者の割合は三五％に上り、さらにチャールズ・ブース（Charles Booth　一八四〇～一九一六）やシーボーム・ラウントリー（Seebohm Rowntree　一八七一～一九五四）の貧困調査は、世紀転換期のロンドン（一八八九～一九〇二年）とイングランド北東部の地方都市ヨーク（一九〇一年）で、それぞれ人口の三〇・七％と二七・八％が貧困状態にあることを明らかにしていたのである[22]。

三　都市中心部のスラムと過密居住の解消——官民の対応

十九世紀後半には、公衆衛生法による建築規制と並んで、住宅問題の根幹をなした都市中心部のスラムや過密居住の解消に向けた官民の種々の対応策が展開され、公的な政策体系の基礎固めがなされた。

まず一八四〇年代以降、主としてロンドンに設立された、今日の非営利住宅組織の前身として位置づけられる、（半）慈善団体の活動が挙げられる。「五％の博愛主義」'five per cent philanthropy' と評されたこうした組織は、三種類に大別された。

第一に、労働者階級の状態改善協会 Society for Improving the Condition of the Labouring Classes（一八四四年設立）のような出資者となる会員を募る協会型組織、第二に、ピーボディ・トラスト Peabody Trust（一八六二年設立）、ギネス・トラスト Guinness Trust（一八八九年設立）のような個人の篤志家の基金を財源とする慈善住宅トラスト、そして第三に、改良産業住宅会社 Improved Industrial Dwellings Company（一八六三年設立）、イースト・エンド住宅会社 East End Dwellings Company（一八八四年設立）のような株式会社形態のモデル住宅会社である。

これら三種の住宅供給機関のうち、初期の協会型組織は住宅改革の宣伝・啓発団体としての性格も強く、また慈善住宅トラストとともに、出資者の善意や基金の規模に依存する資金的制約を抱えていたのに対して、モデル住宅会社は、その数も多く、「私的利益と公的利害の結合」をもっともよく体現した、代表的な組織であったとされている。[23]

いずれも、配当・収益を年三〜五％に限定しつつ、主に都市中心部に、二〜三室、中層の集合住宅 block dwellings 形式（各戸独立／設備共有もあり）の衛生的な住居を低廉な家賃で供給した（図5）。また建設には、公共事業融資局による低利の融資の利用（年利率四％、最長返済期間四〇年）が認められ、後述の公的スラムクリアランスにともなう土地の有利な払い下げを受けるなど、政府の間接的支援のもと、地方当局とも協働関係にあった。入居者の多くは労働者階級中層であったが、一八八〇年代以降、より下層の人々への住居提供を掲げたモデル住宅会社も現れた。総じて一九一四年までに、四〇〜五〇のこうした団体が設立され、ロンドンを中心に計五万戸の労働者住宅が供給された。[24]

図5　ピーボディ・トラストによる中層の集合住宅（1871 年）：平面図と外観

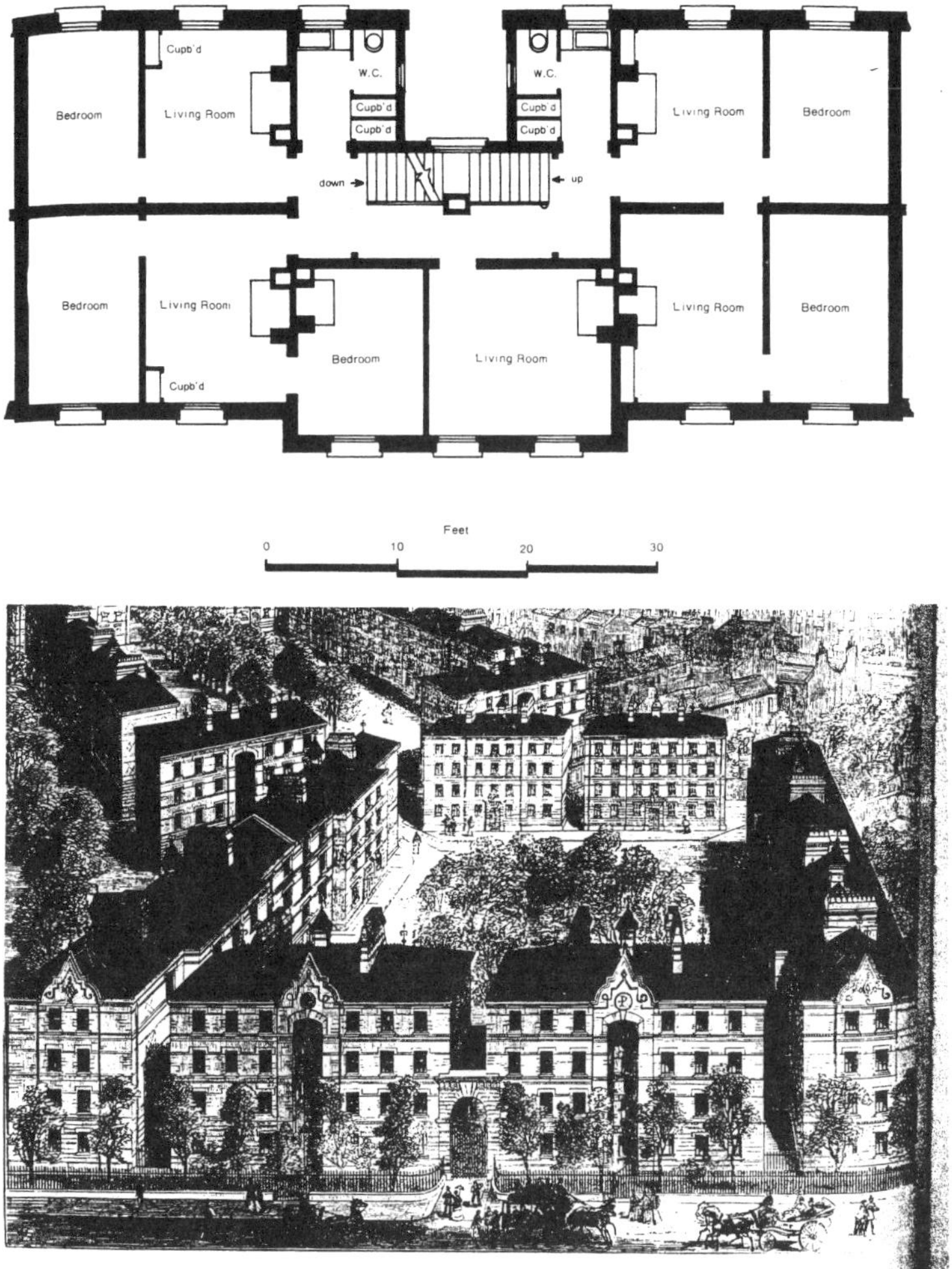

一八六〇年代に始まる、関連した民間の活動に、労働者下層を対象とした、住宅改良家オクテイヴィア・ヒル（Octavia Hill　一八三八〜一九一二）の住居管理の運動があった。これは、居住者に対する個人的接触や教育を通じた生活の改善と既存の不良住宅の改良を結合した手法であり、家主、篤志家、慈善組織などからの管理委託を受け、家庭訪問を軸とする居住者の生活改善の指導（定期的な家賃の支払いを含む）と引き替えに住居を修復・再建し、家屋の所有者にも一定の収益を確保することを謳っていた。ヒルやその支持者たちによる実践の直接的成果は、一九一二年までに約一万五〇〇〇戸と限定的であったが、居住者に焦点を当てた住環境改善の思想は、イギリスを代表する住宅問題調査研究機関、住宅センター・トラスト Housing Centre Trust（一九三四〜二〇〇〇年）の活動に影響を与え、さらに専門的職能としての住居管理の確立に貢献した。[25]

こうした民間主体の活動と並行して、政府も段階的な立法措置を通じて、不良住宅・スラム地区を皮切りに、住宅問題への公的介入に踏み出した。一八六八年には、個々の不良住宅に対する家主の修復義務を明記し、履行されない場合には、地方当局が使用停止や閉鎖、その除去を実施する権限を定めた「職工住宅法」（通称トレンズ法 Torrens Act）が制定された。

さらに一八七五年には、二十世紀のスラムクリアランス法規の起源とされ、不良住宅が集積するスラム地区全体の除去と再建にかんする権限を地方当局に付与した「職工住宅改良法」（通称クロス法 Cross Act）が制定された。しかしクロス法は、当初、地方当局に対象地区の立ち退き住民数に応じた代替住宅の提供 rehousing を厳格に義務づける（ただし、当の立ち退き住民が入居できる保証はまったくなかった）一方、買収する不良住宅の持ち主に対する十全の補償（通常、土地の市場価値プラス一〇％の迷惑費用）を定めていたため、クリアランス事業の実施コストが障害となり、ロンドンなど一部の都市を除いて実効性に乏しかった。[26]その後、一八八〇年代の法改正で、代替住宅の条件が緩和され、補償額も制限されたが、[27]スラムの改良がなかなか進まなかった背景には、究極的な私権の侵害をともなう公的介入へのイデオロギー上の反対と、これと不可分の関係にある、各地の既得権益層（地主・家主・民間業者）の経済的利害に基づく抵抗があった。

一八八〇年代前半にはロンドンの労働者住宅の窮状への社会的関心の高まりから、労働者階級の住宅にかんする王立委員会（一八八四〜八五年）が設置され、一八九〇年には十九世紀の住宅法令の集大成となる「労働者階級住宅法」が成立した。クロス法およびトレンズ法のスラム関連立法を整理統合し、新たに一八五一年の住宅法（通称シャフツベリー法 Shaftesbury Act）[28]の規定を復活させる形で、自治体に新規の住宅建設の権限を付与した同法は、通常、イギリスにおける公営住宅政策の端緒とみなされている。[29]

一八八〇年代末から九〇年代にかけて代議制の民主的な地方行政機構も整い、保健医官や技官などの専門官の権能も確立された。こうして世紀転換期以降、地方税納税者を代表する保守層が支配する自治体のなかにも、公衆衛生上の脅威が地域住民全体に及ぶと考えられた不良住宅やスラムの除去と再建については、より積極的な姿勢に転じるところが出てきた。[30]しかしながら、大規模な新規の公営住宅建設は、政府による建設助成金支給の規定を含んでいなかったため、深刻な住宅問題を抱えていたグラスゴー、リヴァプール、ロンドンといった大都市で、一定の財政基盤を有する少数の自治体に限られ、その成果は一九一四年までに、総数二万四〇〇〇戸に止まったのである。[31]

四　郊外化を介した住環境の改善

さて、工業化と都市化の進展によって創出された住宅貧困層に対する公的住宅政策の形成をめぐる展開のなかで、当時の関係者の間で広く共有されていたのが、都市中心部の住宅問題緩和のメカニズムとしてのフィルタリング filtering up (levelling up) theory である。

これは、新規の良質の住宅供給が、順次、より下層の住み替えを促し、長期的に住宅ストックの更新と居住水準の引き上げが達成されるという発想であった。都心部の不良住宅やスラムの除去もこうした観点から論議され、またもう一方の極に、相当規模の都市住民の郊外への移住が暗に想定されていた。[32] 実際には、中心部に居住することを強いられた労働者層の低賃金や労働・生活実態にともなうモビリティの欠如がフィルタリング効果を制約していたが、[33] それでも郊外化を含意しているという点で、それは、人口過密の、荒廃した既存の都市から離れたところに、自然豊かな理想の住環境を実現しようというイギリスの住宅改革の系譜を貫く思想とも共鳴していたのである。

まず十九世紀後半、ロンドンが先導役となり、鉄道などの公共の交通手段の発達を媒介とする裕福な労働者階級の郊外化が開始された。この過程を牽引したのが、一八六〇年代からの鉄道会社による労働者用通勤列車 workmen's trains の運行であった。例えば、グレート・イースタン鉄道は、中心のターミナル駅建設事業の認可条件として低運賃の通勤列車サービスを義務づけられ、これによってロンドン北東部の開発が促された。一八八三年には、「低運賃鉄道法」'Cheap Trains Act' が制定され、以後、商務省は鉄道会社の沿線地域の調査を行い、必要と判断すれば国庫に入る旅客税の免除と引き換えに、低運賃の労働者用通勤列車の導入を会社側に要請することができた。

ロンドンの労働者用通勤列車は、一八八三年の一日に一〇六本、走行距離七三五マイルから、一九一四年には二〇〇〇本、一四〇〇〇マイルまで拡大し、五〇万人の通勤の足となっていた。一九一二年には、ロンドン中心から六～八マイルの地域からの通勤者の四〇％は労働者階級で、郊外電車の乗客の二〇％は労働者用の割引乗車券の購入者であった。また、一八七〇年代からは、より大衆的な交通手段として、馬車の引く路面電車も登場し、一九〇〇年代には電化も進み、ロンドンや地方諸都市の外延的拡大に貢献した(34)。都市中心部に比べて、郊外の住宅コストは相対的に安かったが、労働者にとって交通費が負担となった。そこで、通勤費用をいわば補助することで郊外化を促そうというのであった。

近隣郊外 inner suburbs と称され、概して都市の中心部に隣接し、低運賃の交通機関が通じていた地域が、増大しつつあった事務員、店員、教師などホワイトカラーの俸給生活者を中心とする下層中流階級や労働者上層の居住地として発達した。こうした地域は、内部に所得別・階層別の細かい棲み分けを含みながらも、より遠距離に位置する中流階級の確立された郊外住宅地とは截然と区別されていた。条例住宅の時代に開発された近隣郊外は、公共のオープン・スペースも少なく、比較的稠密に建てられた連続的なテラスハウスによって特徴づけられたが、庭付きの自己完結した家族用住居がもたらした住環境の改善は明らかであった[35]。

五　田園都市運動の展開

自発的な郊外化と並んで、世紀転換期には、大都市の過密解消と住宅問題の解決を掲げて、社会改革家エベニーザー・ハワード（Ebenezer Howard　一八五〇～一九二八）が提唱した田園都市 garden city（一八九八年）の思想と、「最初の田園都市」レッチワース Letchworth（一九〇三年～）における実践に触発された住宅改革の有力な流れが形成され、第一次大戦前、その計画理念を体現した住宅供給の試みが展開された。土地の公有と開発利益のコミュニティへの還元という協同の精神に基づいて建設される、適正規模（人口三万二〇〇〇人）、職住近接の自己完結型都市というハワードの構想は、近代イギリスにおける理想社会探求の歴史のひとつの到達点を示すものであり、また第二次世界大戦後のニュータウン法制定の原動力になった[36]。

この田園都市に加えて、同時期の、ボーンヴィル Bournville（一八七九～一九〇〇年）やニュー・アーズウィック New Earswick（一九〇一年～）のような、社会改良的な資本家が主導した労働者のためのモデル工業村の実験、さらにハムステッド・ガーデン・サバーブ Hampstead Garden Suburb（一九〇六年～）に代表される田園郊外の開発などが、いわゆる田園都市運動を構成していた。これらすべての試みに建築家として参画し、中核的な役割を果たしたのが、社会主義者のレイモンド・アンウィン（Raymond Unwin　一八六三〜一九四〇）であった[37]。

アンウィンを指導者とする田園都市運動は、当時支配的だった条例住宅による開発を批判し、これに代わる住宅設計、住宅地計画および住宅供給のあり方を提起した。まず住宅設計については、条例住宅に往々見られた背面の延長（建て増し）部分を撤去し、奥行きが浅く、間口の広い住居プランによるセミ・デタッチトと呼ばれた、左右対称の二戸建て住宅 semi-detached houses や短いテラスハウスを採用し、換気・採光の改善をはかるとともに、方位に配慮した間取りを提案していた（図6）。

次に住宅地計画については、郊外の安価な土地を利用し、道路面積の削減によって開発コストを抑え、立地に即した有機的なレイアウトを実現するために、低密度（一エーカー［≒四〇〇〇平方メートル］につき一二戸）の住宅地開発を奨励した（図7）。さらにアンウィンは、職住近接の、自足的な田園都市を理想としつつも、住環境改善のより現実的手段として、庭に力点を置いた計画的な郊外住宅地の開発（田園郊外）を積極的に推進し、これが以後、田園都市路線の住宅開発として知られるようになる[38]。

第一次大戦後の公的住宅政策の立案にも強い影響力を及ぼしたアンウィンの主要な貢献は、イギリスの伝統的な田舎家風の小住宅 cottage をモデルに、その刷新と合理化をはかるとともに、中流階級のための郊外住宅地の開発基準を取り入れて、条例住宅に代わる労働者住宅の良質なデザインとレイアウトを提唱したことであった。

さらに、こうした田園都市運動の計画理念を実現するため、住宅協同組合 co-partnership tenant societies が活用された。これは、入居者を含む出資者への債券発行を資本に、住宅や共用施設を建設し、その賃料から配当金（五％以下）その他コストを賄い、残りを入居者の家賃率に応じて債券で配分するという方式の住宅供給であり、組合を通じた良質の住環境維持を担保した仕組みであった。労働組合主義者の大工ヘンリー・ヴィヴィアン（Henry Vivian　一八六八～一九三〇）によるロンドン西郊のイーリング住宅協同組合 Ealing Co-partnership Tenants Ltd（一九〇一年～）の活動が知られている。住宅協同組合は、主とし

図6　レイモンド・アンウィンと協同設計者バリー・パーカーによる熟練職工のための住宅プラン：平面図

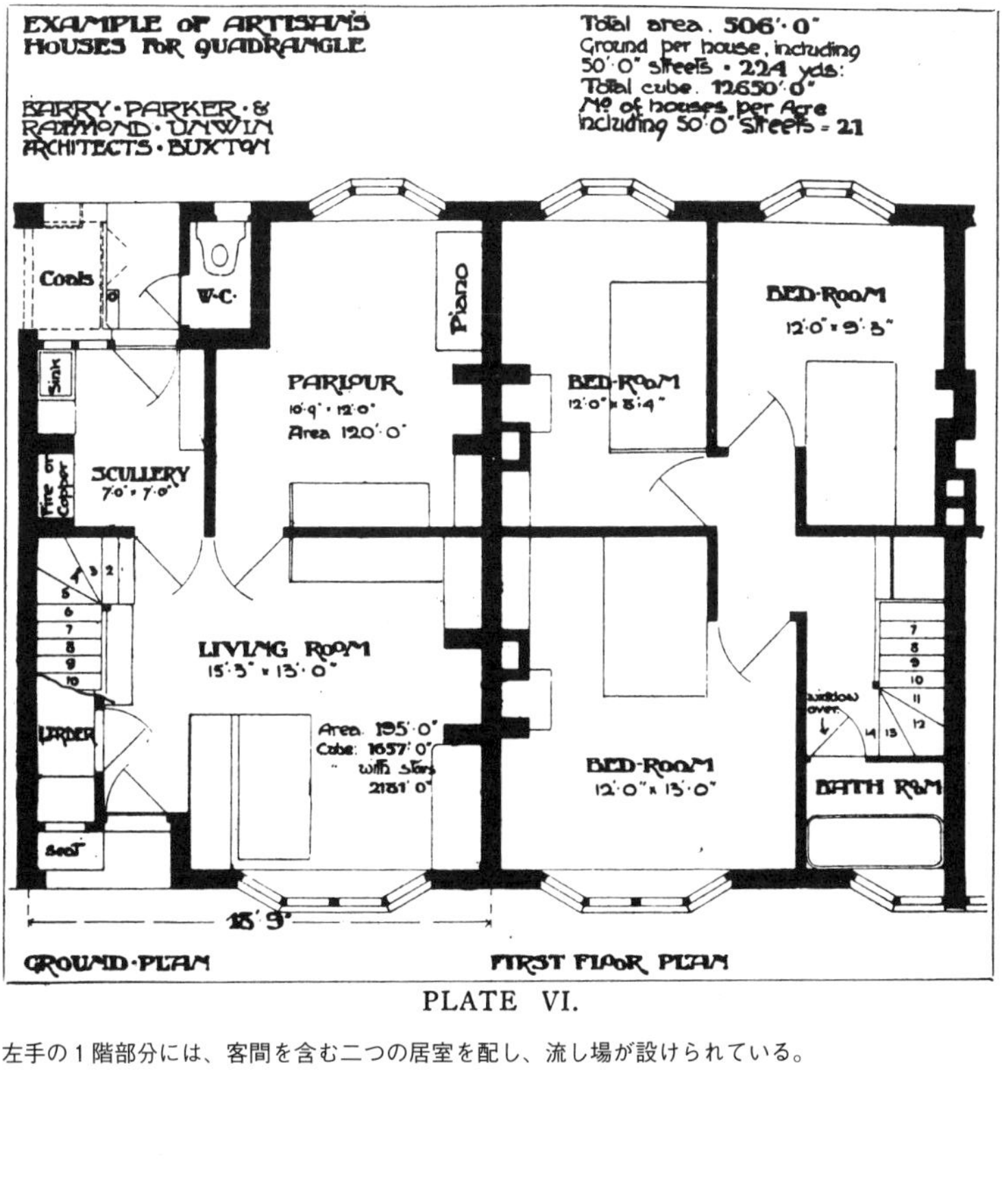

PLATE VI.

左手の１階部分には、客間を含む二つの居室を配し、流し場が設けられている。

て債券購入の経済的余裕があった下層中流階級や労働者上層にアピールし、ボーンヴィル、レッチワースやハムステッド・ガーデン・サバーブの住宅建設にも寄与した。こうして一九一四年までに、総計一万戸を擁する六〇余の田園郊外型住宅地が開発され、このうち七〇〇〇戸以上がこの住宅協同組合方式によって供給された[39]。

　最後に、郊外化を通じた住宅改革を政策的に後押しする動きも見られた。いまだ専門的職能としての都市計画がまだ揺籃期にあった当時、住宅改革の提唱者や自治体関係者、理論家を中心に結成された全国住宅改革評議会 National

図7　アンウィンとパーカーによるレッチワース田園都市のバーズ・ヒル地区の平面計画

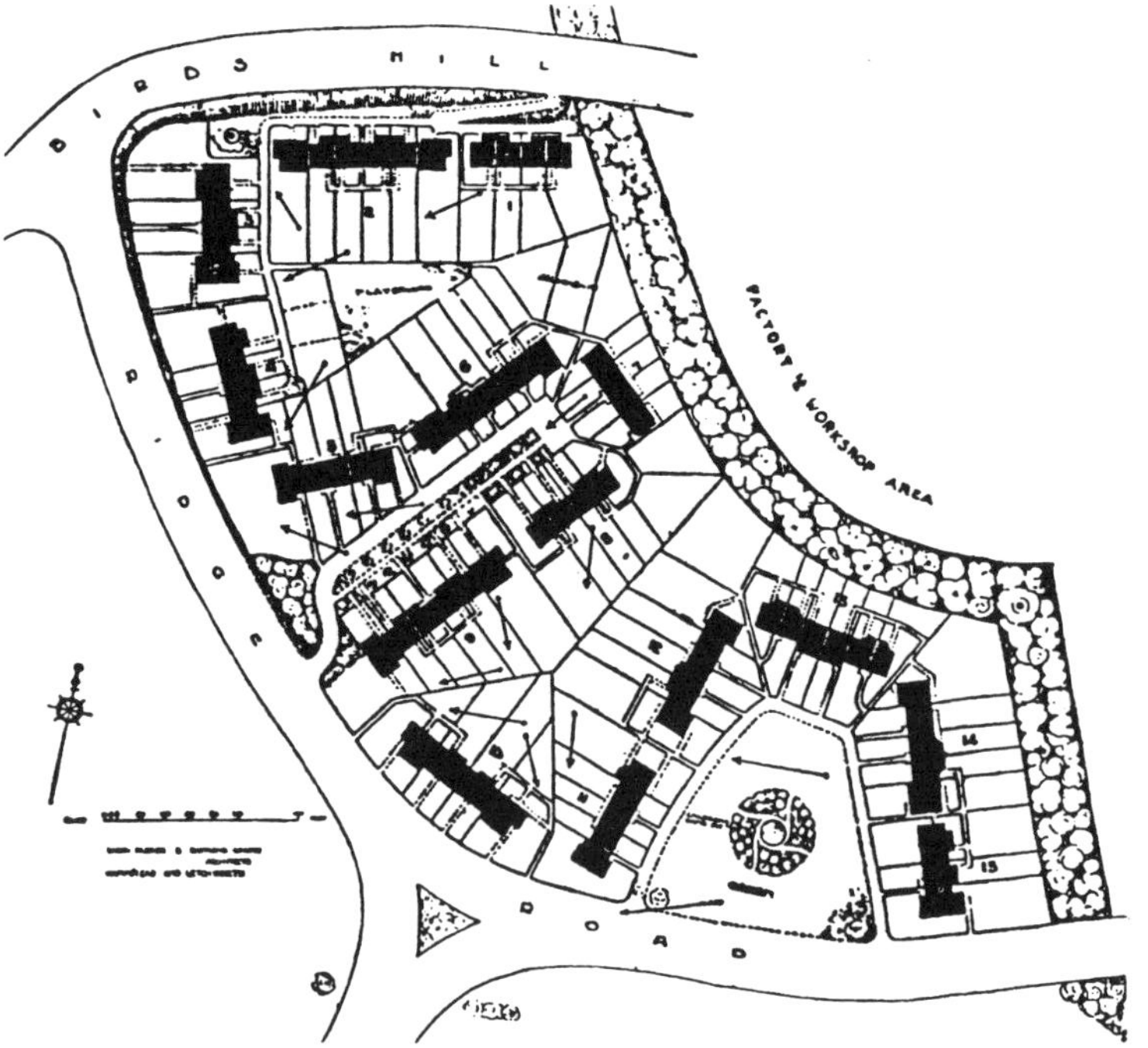

Housing Reform Council は、ドイツの自治体による都市拡張の事例を掲げて、イギリスにおける都市計画の確立と官民の連携による計画的な郊外開発を求める運動を展開した。その働きかけもあり、一九〇九年には時の自由党政府によって、イギリスで初めて都市計画の名を冠した「住宅・都市計画法」が制定された[40]。同法は、郊外の未開発地域の開発方針を定めた計画策定の権限を地方自治体に付与するとともに、公益事業組合 public utility societies の住宅建設費用に対する低利の公的融資の比率をそれまでの二分の一から三分の二に引き上げた。公益事業組合とは、協同組合などの法的地位を規定していた一八九三年の「産業および節約組合法」'Industrial and Provident Societies Act' のもとで登記され、会員の出資額の制限や収益・配当の限定（五％以下）と引き換えに、税制上の優遇措置が受けられた事業組織を指し、住宅協同組合も含まれていた[41]。

公的住宅政策の形成期を担った主要な組織とその活動について見てきたが、供給戸数の比較に関する限り、各種非営利組織のほうが優勢で、国や自治体の役割は相対的に限定されたものであったことがわかる。ところが、第一次大戦前夜から戦争初期にかけて、住宅市場をめぐる状況は大きく変化することになる。

六　大戦前夜の民間住宅市場の停滞と危機

イギリスは、第一次大戦に先立つ数年間、住宅建設戸数の減少に象徴される民間住宅市場の停滞を経験した。その後、戦争の勃発によって一転、住宅市場は逼迫し、住宅不足に起因する広範な家賃ストに直面した政府は、家賃統制を導入し、さらに戦後に向けて、代替的な住宅供給の模索を余儀なくされることになる。

住宅建設は、世紀転換期のブームから後退に転じ、一九〇九年以降は年一〇万戸以下に落ち込んだ（**表4**）。短期的には、建築循環が下降局面に入ったこと、土地課税を打ち出した自由党政府の一九〇九年予算案による土地取引の停滞、海外投資の膨張にも見られたような、より有利な投資先の存在などが影響していたが[42]、背景には、十九世紀末以降、次第に厳しさを増した民間家主層の経済状況の悪化があった。

地方自治体の財政支出は、一八七〇年から一九一〇年にかけて三一六％増加し、同様に全国平均の地方税は、評価額一ポンドにつき三シリング六ペンス（一八八五年）から六シリング九ペンス（一九一四年）に上昇した[43]。建築条例のより厳格な適用や利子率の上昇による住宅コストの増加に加えて、この地方税負担の増大は、民間家主にとって借家経営の収益圧迫を意味していた。一方、労働者の実質賃金も停滞気味で、家賃引き上げもままならない状況であった[44]。例えば、金属加工業が栄えたイングランド中部の都市ウルヴァーハンプトンでは、地域の不動産所有者協会による家賃増額の提案に対して、借家人による家賃ストの動きもあった[45]。

家主層はまた、労働者階級の住宅をめぐる組織的圧力からも無縁ではなかった。十九世紀末から、労働

表4　イギリスの住宅建設戸数 1880-1920 年

1880	83,100
1885	76,700
1890	75,800
1895	89,800
1900	139,700
1905	127,400
1910	86,000
1915	30,800
1920	29,700

出典）H. Meller, 'Housing and Town Planning, 1900-1939', in C. Wrigley (ed.), *A Companion To Early Twentieth-Century Britain* (Oxford: Blackwell, 2003), Table 24.1 (a).

組合会議 Trades Union Congress の年次大会では、毎年のように住宅問題が議題に上り、動議の採択も行われた。また、それは各地の労働組合評議会や新生の労働党が、地域で支持を結集していく際の重要な争点となった[46]。一八九八年には、労働者の住宅にかんする要求の実現を掲げた労働者全国住宅評議会 Workmen's National Housing Council が結成され、政府による自治体への住宅建設融資の条件の改善（一九〇三年に実現）、「公正家賃」の導入による民間家主の統制、さらには住宅建設に対する国庫助成を求めて運動を展開した[47]。

　イギリス国内でも、固有の住宅市場が成立していたスコットランドでは、早くから家主―借家人関係が緊張し、住宅が政治問題化していた。すなわち、一方で永代租借権に準ずる土地保有形態、より厳密な建築規制、建築業の未発達などから住宅の供給コストが高く、他方、労働者の平均賃金水準が低かったこともあって、十九世紀を通じて、階級の別なくテネメント形式の集合住宅が普及したのである。

　このうち、労働者階級用のテネメント（図8）は、年単位の賃貸契約が一般的で、イングランドとウェールズに比べて、物件の損害を補償するためのより厳格な動産仮差し押さえや没収など、家主に有利な法的規定が存在した。この慣行は、労働移動や生活状況の変化に応じた住み替えの障害となっていたため、労働者階級は契約更新にまつわる種々の不満を抱えていた。その後、一九一一年の法改正によって、週・月単位の賃貸契約が導入されるが、家主層はその代償として、略式の不動産回復・立ち退き請求の権限強化を勝ち取った[48]。このように、相対的に低い住宅水準と、家主―借家人関係の摩擦の歴史から、グラスゴーなどでは、早くから独立労働党が住宅問題を軸に民衆の支持を集め、自治体による良質の住宅供給を掲げ

ていた。(49)

第一次大戦初期の軍需生産の増強にともなう民間住宅市場の逼迫は、戦時の住宅建設停止と相まって、深刻な住宅危機を引き起こし、住宅をめぐるこうした戦前の緊張関係が表面化することになった。浸食されていた収益率の回復を目論んだ家主層による家賃値上げと、滞納を理由とする追い立ての要求に対して、軍需生産都市をはじめ各地で借家人による家賃ストが発生したのである。(50)

図 8　スコットランドのテネメントと呼ばれた集合住宅（19 世紀末のグラスゴーの例）：ファサードと平面図

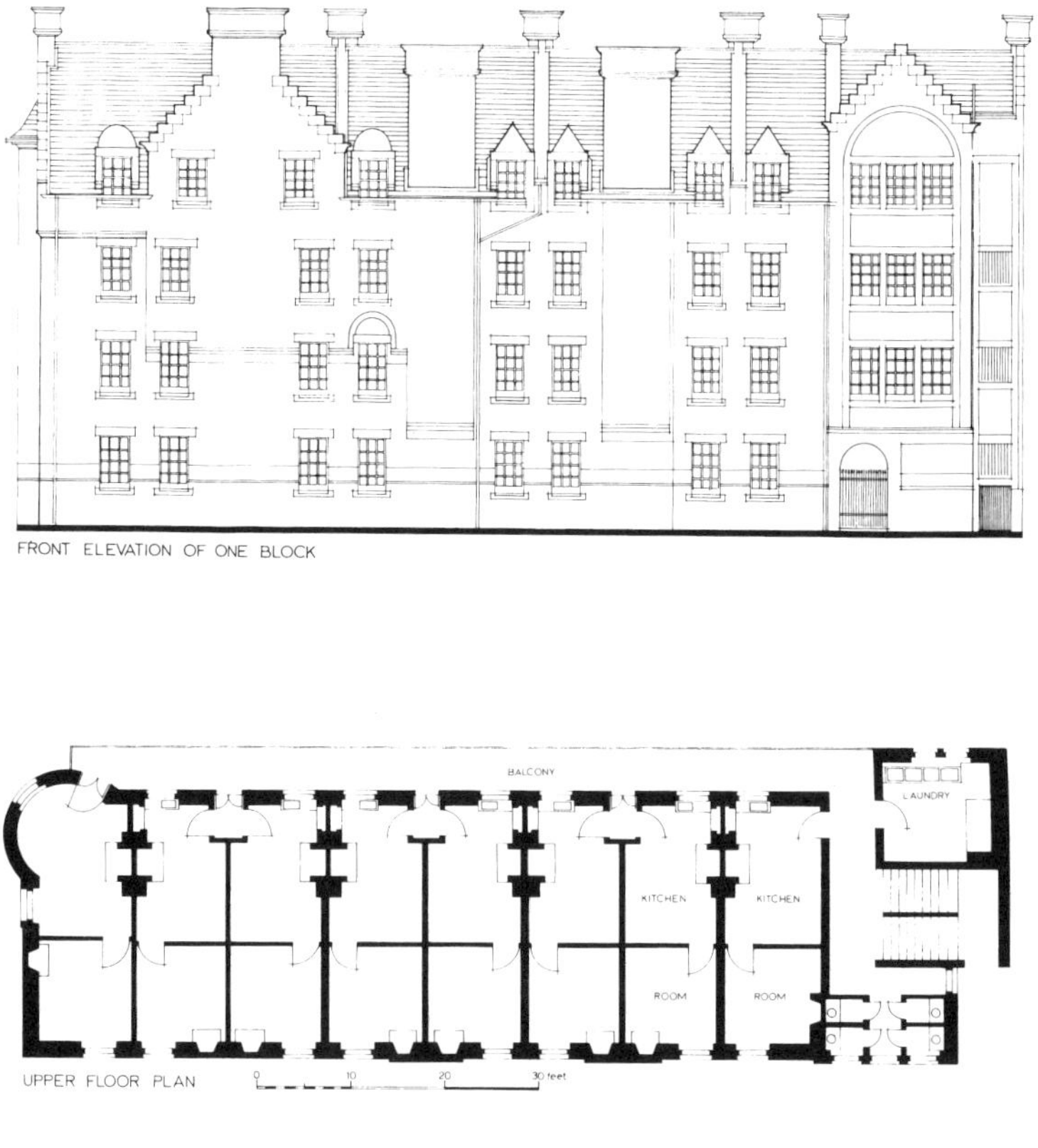

とりわけグラスゴーでは、市の労働党が積極的に関与し、軍需労働者の労働条件をめぐる紛争とも連動しながら、借家人組織や女性団体を巻き込んで広範な家賃不払い運動が展開された[51]。

戦時体制の遂行に労働者階級の協力を必要としたイギリス政府は、一九一五年に「家賃・抵当利子の引き上げ（戦時制限）法」による家賃統制を導入し、家賃を戦前の水準に凍結した。当初は戦時の時限立法とされたが、一旦発効すると、政府は重大なジレンマに直面した。というのも、代替的な住宅供給をともなわない単純な統制解除が、家賃の値上がりと住宅困窮者の増大をまねくことは必至だったが、逆に統制の継続は、統制家賃の住宅との競合を迫られる民間の新規住宅投資を阻害すると考えられたからである[52]。こうして、戦後に向けてさらに深刻な住宅不足が予測されるなかで、より本格的な公的介入が要請される事態となった。

以上のように、第一次大戦にいたるイギリスの公的住宅政策の形成期には、両大戦間期に主流となる公営住宅の端緒も見られるが、量的にも少なく、それはあくまで選択肢の一つにすぎなかった。当時は、むしろ住宅協同組合方式の、田園都市路線による郊外型住宅地の開発が、住宅改革の方向性を指し示していた。さらに、住宅協同組合のような公益事業組合を含めた、非営利の住宅組織の活動が奨励されており、この時点では、ヨーロッパの大陸諸国で形成されつつあった公的住宅政策と軌を一にしていたということができるのである[53]。

第二章　両大戦間期の公的住宅政策と郊外化

本章の対象は、第一次世界大戦を契機に、政府の住宅市場への本格的介入によって成立するイギリス特有の公営住宅政策である。両大戦間期の展開をたどるとともに、その特色と成果を検討したい。合わせて、公的な政策にも影響を与えた一九三〇年代の民間住宅ブームと郊外化のさらなる進展について言及する。また、公営住宅政策の実態を、地方自治体が供給した郊外型住宅団地の事例に見てみたい。

一　公営住宅政策の成立

第一次大戦に先立つ民間住宅市場の停滞と戦時中の建設活動の停止によって新規の住宅供給が減少する一方、この間の婚姻率の上昇と世帯数の増加などから、イギリスの戦争終了時の住宅不足は推計六二万戸に上った[1]。戦争が長期化の様相を呈するにつれ、五〇〇万の塹壕の兵士と三〇〇万の軍需労働者の貢献に報いるという観点からも住宅問題の緊要度は高まり、良質の住宅供給は、戦後再建の主要な柱となった。政府による公的住宅政策の立案は、労働者全国住宅評議会や女性代表の住宅改良を求める戦時中の働きかけを背景に、設計・設備や配置など住宅デザインの全般的検討に基づく住宅水準の向上の提言と、これを盛り込んだ具体的な住宅供給計画の立法化という形をとった。

住宅検討委員会の審議結果、『チューダー・ウォルターズ報告』(一九一八年)は、一エーカーにつき一二戸の低密度開発、間口の広い庭付き住宅の建設、屋内トイレ・浴室、またその多くが客間 parlour を備えた、家族向けの三寝室住宅の床面積の大幅な引き上げ（戦前の条例住宅の平均六五〇平方フィートに対して、八五五〜一〇五五平方フィート）などを提言していた[2]。これは、その主要委員でもあったアンウィンの考え方を強く反映したものであり、委員会の提言は、公式の『住宅マニュアル』(一九一九年)を通じて自治体の住宅設計・住宅地計画の指針となった（図9）。第一次大戦終結後、「英雄たちにふさわしい住まいを」を掲げた政府は、この田園都市路線をモデルに、三年間に五〇万戸の住宅建設を公約した[3]。

一九一九年には、自由党と保守党の連立政府によって、初の国庫助成金支給の規定を含む「住宅・都市計画法」（通称アディソン法 Addison Act）が制定された。イギリスではこれ以降、地方自治体を主体とする公営賃貸住宅の供給が公的住宅政策の主流をなすことになる。同法によって、各自治体は速やかに地域の住宅需要を調査して住宅供給計画を策定し、住宅を管轄する新設の保健省の承認を得て実施することを義務づけられた。建設助成金は、国庫からの支出を主体としながらも、地方税からの拠出も求める共同出資となった。

実際の住宅建設と管理は自治体の責任とされ、中央政府はその助成額や条件を通じて自治体の住宅計画を監督・調整する方式がこうして確立された。ただし一九一九年法では、自治体の負担は地方税評価額一ポンドにつき一ペンスという名目的な支出に止まり、これを超える負担は政府が補填するという寛大なものであった。換言すれば、建設コストと家賃収入の差額を政府が補償することによって、ようやく自治体の協力を取りつけることができたのである。[4] 政府にとっては重いこの財政負担は、住宅問題の緊要性に対する当時の政府の認識を反映していた。[5] 同法は、公益事業組合への公的融資の比率の引き上げ（四分の三）と

図９『住宅マニュアル』（1919年）の客間付き３寝室住宅の設計プラン：正面と平面図

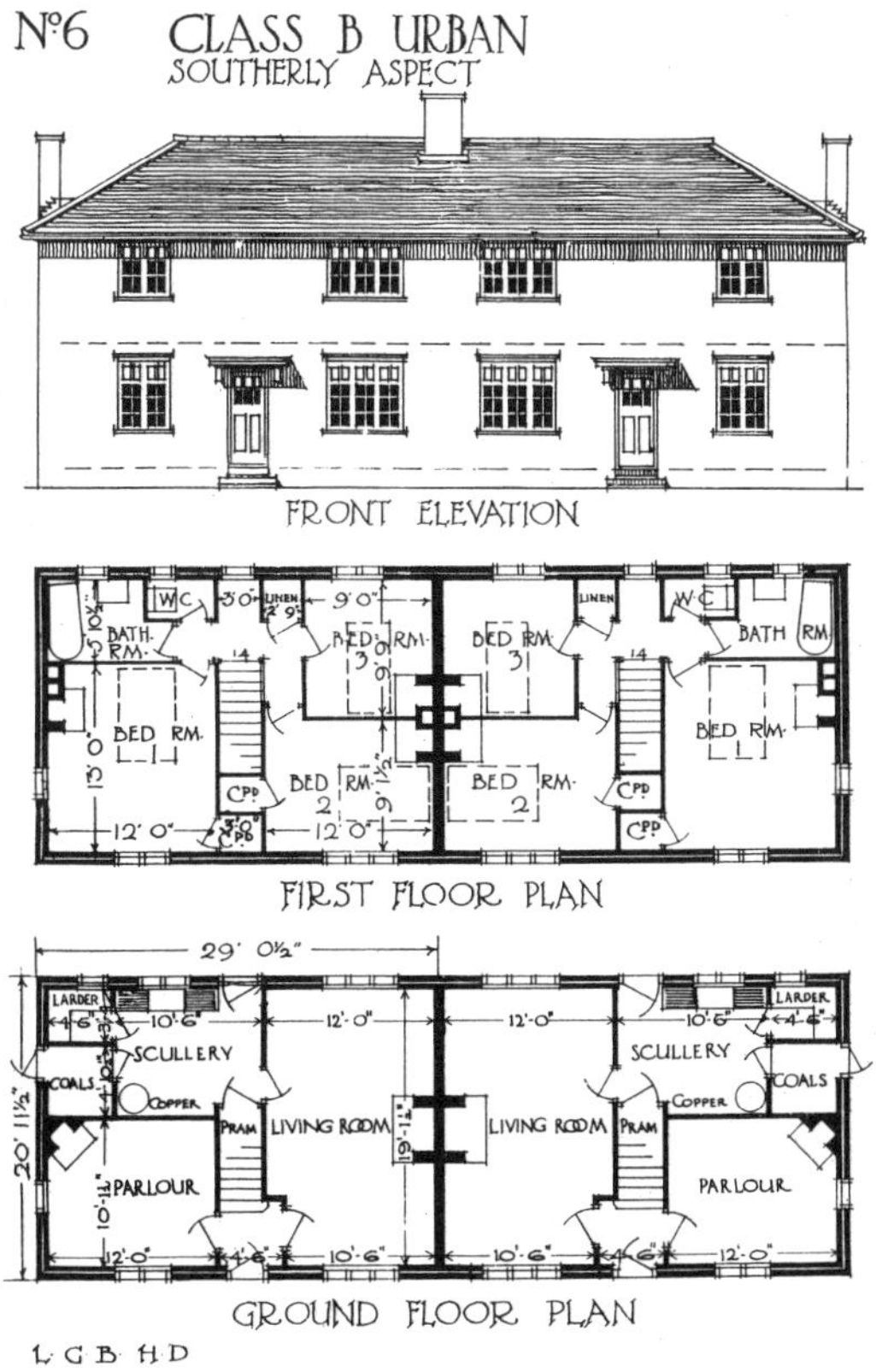

下の１階部分では、アンウィンが提唱した小住宅の間取りをほぼ踏襲していることがわかる。

返済時の利子補給の規定も含んでおり、同様の公的助成が、慈善住宅トラストにも適用された。一九一九年末にはさらに追加的措置として、民間業者への建設助成一時金の支給も認められた[(6)]。

一九一九年法に体現された政府の意図は、戦争によって生じた住宅市場の混乱と住宅不足に対する一時的な緊急措置としての公的介入であり、従前の民間主体による住宅建設復活への期待が込められていた。しかしながらこの住宅供給計画は、戦後ブームがもたらした全般的インフレによる建設資材や労働力の不足、また資金調達の問題に悩まされて頓挫してしまうことになる。一九一四年に二五〇ポンドだった標準的三寝室住宅の建設コストは、一九二〇年には入札価格にして九三〇ポンド、完成時には一二〇〇ポンドまで上昇していた。

一九二一年七月、政府はコスト高騰と金本位制復帰を視野に入れた財政緊縮を理由に国庫助成を打ち切り、最終的に一九一九年法に基づく公営住宅の供給戸数は一七万戸に止まった。その他の貢献（民間業者四万戸弱、公益事業組合三八〇〇戸、慈善住宅トラスト七〇〇戸）を合わせても目標には遠くおよばず、戦後の新世帯形成による需要も加わり、住宅問題はむしろ深刻化していた[(7)]。民間住宅市場の復活もままならないなか、政府としては、なんらかの公的対応を継続せざるをえない状況が存在したのである。

二　住宅立法の展開と政策の変遷

民間住宅市場の動向に影響を与えると考えられた家賃統制の推移を見ると、政府は一九一九年の「家賃および抵当利子引き上げ（制限）法」によって、家賃の一〇％値上げを認める一方、家賃統制の対象となる住宅の範囲を拡大した。その後、段階的な統制廃止の試みとして、一九二三年には、借家人の転居と家屋の返却にともなう家賃統制の解除が実施された。しかし、労働者向け住宅の統制解除の比率は、一九二八年には六％、一九三〇年にいたっても一一％で、なかなか民間の賃貸市場の復活の兆しは見られなかった。一九三一年時点の統制解除の比率は、中流階級住宅では五五・八％に上ったが、全体では三〇・九％に過ぎなかった。

政府は結局、一九三三年の「家賃統制法」によって、中流階級住宅については即時廃止、また下層中流・熟練工住宅についても段階的廃止を打ち出す一方、「真の労働者住宅」については家賃統制を恒常化する措置がとられた。家賃統制はこうして、数次の更新を経て、基準家賃の一定の引き上げを認めながらも、両大戦間期を通じて基本的に継続されることになったのである(8)。

一九一九年法の廃止以降も、両大戦間期を通じて、公的住宅供給にかかわる一連の立法措置が導入された。まず一九二三年には、保守党政府によって、一定の基準（一九一九年より低い）に合致した住宅を対象に、民間業者には建設一時金、地方自治体には年助成金六ポンドを二〇年間支給することを骨子とする、新たな「住宅法」（通称チェンバレン法 Chamberlain Act）が制定された。地方税からの拠出は求められなかった。というのも、同法は、持ち家および賃貸向けの民間業者による建設を優先し、自治体は自ら建設する妥当性を保健省に証明することを条件としていたからである。

一九二九年に失効するまでの建設戸数は、民間業者が三六万二〇〇〇戸、自治体が七万五九〇〇戸で、三寝室住宅の平均的な床面積は七五〇～八五〇平方フィートに低下していたが、大多数が持ち家として販売され、そのため一九二三年法は、両大戦間期の下層中流階級による持ち家取得拡大の起点になったとされている。[9]

翌一九二四年には、史上初の労働党少数派政府によって、一九二三年法と同一基準の住宅の建設に、年助成金九ポンドを四〇年間支給することを定めた「住宅（財政供与）法」（通称ウィートリー法 Wheatley Act）が制定された。地方税からは、年四ポンド一〇シリングの拠出が求められた。保健相のウィートリーは、建築業の労働力の育成と資材調達の整備を通じた、長期的かつ安定的な住宅供給計画の立案をめざしたのであり、この一九二四年法によって公的な住宅供給主体としての自治体の地位が確立・再確認された。

この間、標準的な三寝室住宅の建設コストは、一九二三年の四三六ポンドから、一九二七年には三九七ポンド、さらに一九三二年には二九五ポンドまで下がった。こうしたコスト低下にも助けられて、一九三三年に廃止されるまでの建設戸数は五〇万八〇〇戸（その他、民間業者による賃貸用住宅が一万五〇〇〇戸）に上り、一九二四年法は両大戦間期の最も成功した住宅法となった。[10]

一九一九年から一九三〇年代初めにかけて、イングランドとウェールズの新規住宅建設は全体で一五〇万戸を超え、このうち三分の二が一連の住宅法の国庫助成を受けていた。[11]しかし、一九二〇年代末には、住宅改革家や政府関係者から、現行の住宅政策が労働者下層の住宅事情の改善に十分な成果を上げていないという認識が示されるようになる。[12]

こうした声に応えるように、一九三〇年には第二次労働党政府が、既存の不良住宅の問題に対処するための「住宅法」（通称グリーンウッド法 Greenwood Act）を導入し、各自治体にスラムクリアランス五年計画の策定を指示するとともに、その実施および公的な代替住宅の提供 rehousing を義務づけた。同法は、移転住民一人当たり年助成金二ポンド五シリングを四〇年間支給するという財政的措置を講ずることによって、十九世紀後半以降、スラム解消の障害となっていた代替住宅の問題に決着をつけた。地方税からは、建設戸数当たり年三ポンド一五シリングの拠出を求めていた。また、現地主義に従って対象地区の再開発による、フラット flats と総称される、近代的な中高層の集合住宅を建設する場合には、都市中心部の高地価を考慮した特別補助金の支給を定めていた[13]。

当初、このスラムクリアランス法は、一九二四年法を補完する施策と位置づけられた。つまり労働党は、労働者住宅の新規供給とスラム居住者への住宅提供の二本立て政策を意図していたのである[14]。しかし、比較的短命に終わった労働党政府に代わって政権に就いた保守党主体の挙国一致政府は、一九三三年に「住宅（財政供与）法」を制定して一九二四年法を廃止し、自治

図10　1930年代の中心部スラム再開発事業によって建てられた集合住宅の例（ロンドン州議会）

HONOR OAK ESTATE—SPALDING AND SKIPTON HOUSES

ここでは、両大戦間期のイギリスに特徴的なネオ=ジョージアン様式の控えめのデザインを採用しており、まだモダニズムの影響は見られない。

体にはスラムクリアランス事業への集中を要請した（図10）。さらに一九三五年には、自治体に過密居住の実態調査を義務づけ、その緩和のための住宅供給への助成金支給を認める「住宅法」が導入された。こうして大きくスラム再開発へと転換した住宅政策によって、一九三〇年代を通じて、スラム住民の再居住のために二七万三〇〇〇戸、過密居住解消のために二万四〇〇〇戸の公営住宅が供給された(15)。

このように、両大戦間期イギリスの公営住宅政策は、一九三〇年代には次第にその主たる対象を、スラム居住者を中心とする労働者下層に移していくが、これは同時期の民間住宅建設ブームと、イギリスの住宅改革の支配的な潮流としての郊外化の進展と表裏一体の関係にあった。

三　一九三〇年代の民間住宅建設ブームと郊外化の拡がり

イングランドとウェールズの民間住宅建設は、一九二五年以降、年間一〇万戸を超え、とくに一九三四年から三八年にかけては、毎年二五万戸以上を記録し、自治体の年平均五万戸を大きく上回った（図11）。両大戦間期の民間住宅建設戸数三一四万戸のうち、九〇万戸は家賃統制の部分的解除にともなう新規民間賃貸用に供給されたものだったが、大部分は持ち家取得者向けの建て売り住宅であり、新築かつ良質の住宅に対する国民の願望の強さを物語っていた(16)。とりわけ一九三〇年代には、持ち家取得に有利ないくつかの社会経済的条件が到来した。

まず、イギリスでは第一次大戦後の不安定な景気回復と一九二〇年代末の世界恐慌の結果、貨幣賃金の低下を上回る物価下落によって、ホワイトカラー層を中心に就労者の実質賃金の上昇と生活水準の改善が見られたことである。これは、とくに自動車や電機などの内需形成型の新産業が興隆していたロンドンを含むイングランド南東部に当てはまった。次に、この不況による地価、建設（労働力・資材）コストの低下、また一九三〇年代の経済回復への道を拓いた三二年からの政府の低金利政策の影響が挙げられる。さらに、この時期、住宅金融を専門とする大衆的な住宅組合の成長を通じて、持ち家希望者向けの融資の拡大とその条件の緩和がもたらされた(17)。住宅組合全体の融資額とローン承認件数は、一九三〇年の三億一六〇〇万ポンド、七二万件から、一九三七年の六億三六〇〇万ポンド、一三九万件へと急拡大した(18)。

高校教師によるロンドン郊外の三寝室住宅購入を例にとると、一九二八年には購入価格が六〇〇ポンド、頭金三〇〇ポンド、金利六%、返済期間一五年で、年収に占めるローン負担は一〇%であったのに対して、一九三二年には同等の住宅の購入価格は四五〇ポンド、必要な頭金は五〇ポンドに過ぎなくなり、金利は四・五%に下がり、返済期間も二五年に延長され、ローン負担は八%になっていた(19)。概して、事務職、商店主、警官など下層中流階級は郊外の新築

図11　イングランドとウェールズの地方自治体および民間業者による住宅建設戸数の推移 1920-1939年

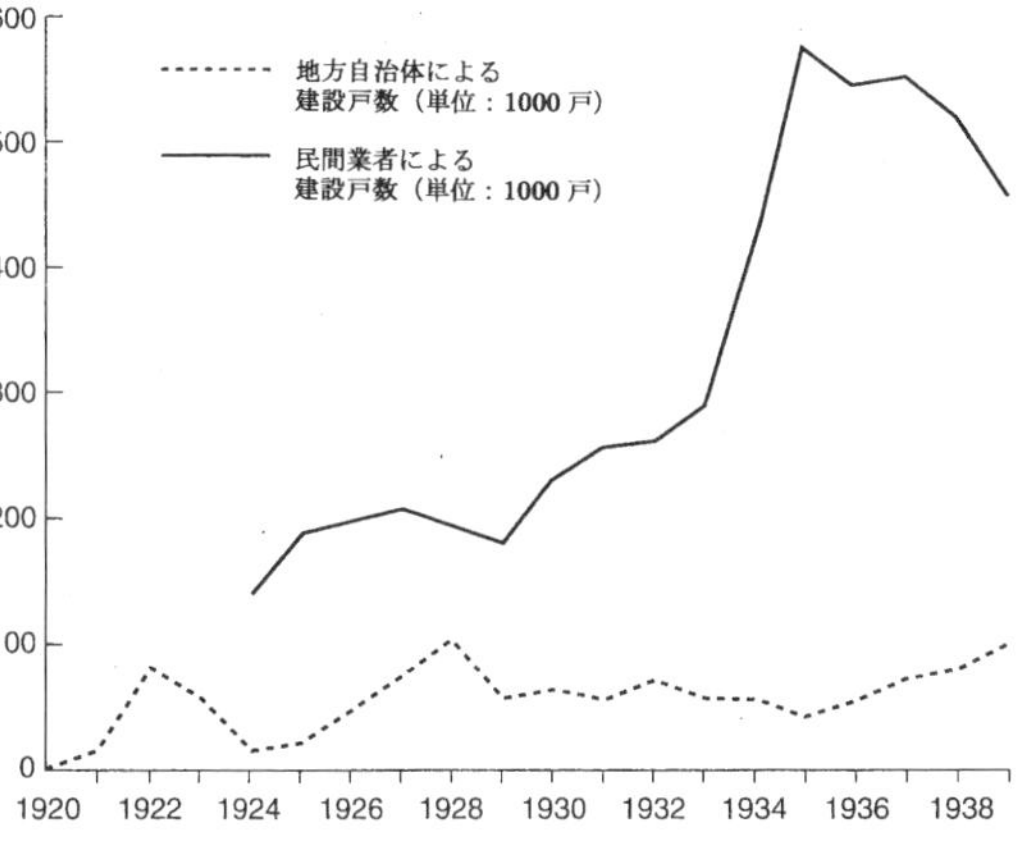

住宅を購入し、労働者上層は既存の民間賃貸住宅を家主から購入した。両大戦間期を通じて、一〇〇万以上の民間賃貸から持ち家への所有移転が行われたとされる[20]。

大量の住宅建設は、都市部の外延的拡大をもたらした。一九〇一年から一九二一年にかけて二五％（六七万四〇〇〇ヘクタールから八五万四〇〇〇ヘクタール）拡大したイングランドとウェールズの都市部の面積は、さらに一九三九年にかけて史上最高の四〇％の拡大（一二〇万六〇〇〇ヘクタール）を記録した[21]。ロンドンの郊外住宅地は、鉄道の通勤路線の整備と地下鉄の路線延長やそれにともなう沿線の宅地化、放射状の幹線道路に沿った帯状開発 ribbon development を通じて、中心部のチャリングクロス駅から半径六～一〇マイルの範囲から、一六～二五マイルまでの同心円上の地域に広がった[22]。両大戦間期イングランドとウェールズの全住宅戸数の二三・六％が、ロンドンを取り囲むエセックス、ケント、ミドルセックス、サリーの首都圏四州に集中していた[23]。コステイン Costain、ラング Laing、テイラー・ウッドロー Taylor Woodrow、ウィンピー Wimpey など、今日も知られる住宅開発業者が台頭し、規格化された二戸建て住宅の大量供給によって、こうした郊外住宅地の開発を担っていた[24]。

一九三〇年代の民間住宅建設ブームは、持ち家所有の拡大と不可分の関係にあった。それはまた、住宅の保有形態を変えながら第一次大戦前の自発的な郊外移住を引き継いだ動きであり、両大戦間期の公的な住宅政策に採用された田園都市路線の住宅開発と並んで、イギリスにおける郊外化のさらなる進展を促したのである。

四　郊外型公営住宅団地の実態——ロンドン州議会のウォトリング団地

ここでは、両大戦間期の住宅法制に基づいて地方自治体が実施した公営住宅政策の事例を、ロンドン州議会London County Council（以下LCC）供給の、ウォトリング団地に見てみたい。

当該時期のロンドンは、二層制の行政制度をとっていた。一八八八年の「地方自治体法」によって、公選制の上位自治体としてLCCが創設されていた。LCCは政策決定・行政機関として、ロンドン全体の行政を統括し、総合的な開発計画の作成を担当していた。その下に、一八九九年の「ロンドン統治法」によって創設された、公選の議会、課税権を有する二八の首都特別区metropolitan boroughsが置かれ、ロンドンの基礎自治体を構成していた[25]。公営住宅行政は、各特別区の議会borough councilsがそれぞれ区内の住宅供給を担当していたのに対し、LCCは管轄していたロンドン行政州Administrative County of London全域、さらに域外での住宅供給権限をもっていた[26]。

両大戦間期のロンドンの地方政治は、国政をなぞるように、保守の市政改革党Municipal Reform Partyの優位に、ロンドン労働党London Labour Partyが挑むという図式が展開された。州議会では、市政改革党が資本投資の抑制による効率的な市政運営を謳い、労働党は積極財政による市民の福祉増進を掲げて対立していたが、住宅政策にかんしては、田園都市路線を基調とし、郊外化を通じた住宅問題の解決をはかるという点で一致していた[27]。そこでLCCは、両大戦間期の初めから、ロンドン中心から半径五～一〇マイルの行政区域縁辺に、戸建て中心の郊外型住宅団地の開発を積極的に推し進め、一九一九年から一九二七年までの供給戸数二万八〇〇〇戸のうち、二万二〇〇〇戸が一一の郊外団地 cottage estates に集中して建てられた[28](図12)。その後、一九三四年に労働党が初めて州議会の過半数を占めてロンドン行政を手中に収めると、超党派の田園都市路線を堅持しながらも、スラムや過密居住の解消を急務として、中心部の再開発事業に注力した結果、LCCの住宅供給に占める集合住宅 block dwellings の割合が上昇し、一九三八～三九年には七六％に達した[29](図13)。

さて、ウォトリング団地の計画区域は、ロンドン中心部から北西へおよそ

図 12　ロンドン州議会供給の公営住宅団地の分布図（1927 年）

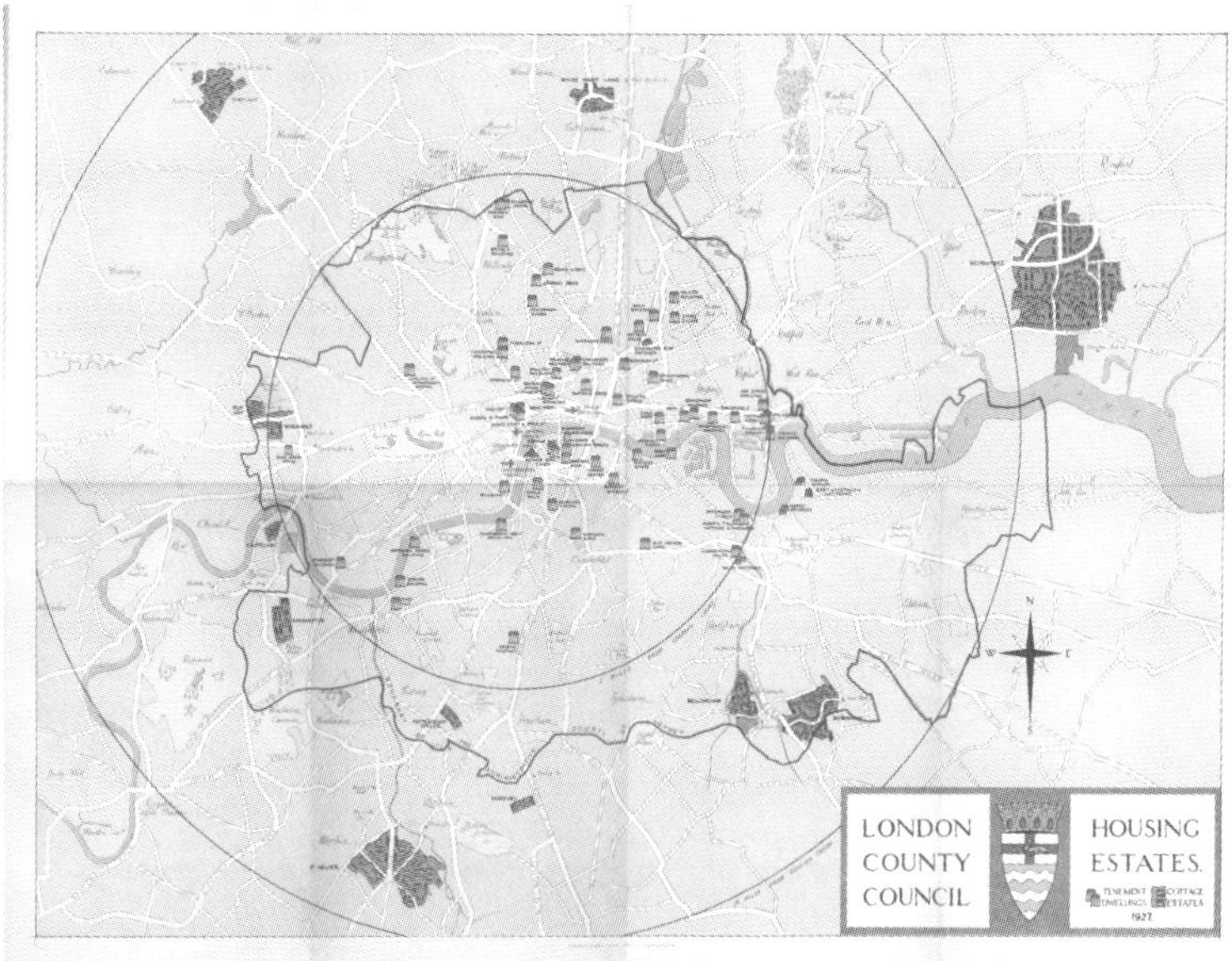

二つの同心円は、ロンドン中心からそれぞれ半径 5 マイル、10 マイルの範囲を示す。半径 5 マイルから 10 マイルに不規則に広がっている囲み線が，当時の LCC の行政区域の境界で、中心部に集合住宅のブロックが集中し、周辺部に郊外団地が点在している様子がわかる。

九マイル、ＬＣＣの行政区域外のヘンドン都市区に位置し、古くからの農家や比較的新しい富裕層の邸宅が点在する、主として未開発の牧草地であった。当時、ＬＣＣの住宅行政にとって未開拓であったこの地域を通る地下鉄路線の延伸を契機に立案され、一九二四年に開発決定がなされ、強制収用と地主との交渉の双方を通じて土地が購入された。着工は一九二六年、翌二七年からは住民の入居が始まり、一九三〇年に団地は完成した。上記の一九二四年法（ウィートリー法）に基づく開発であったことからも、両大戦間期の典型的な郊外型公営住宅団地の一つといってよいだろう。なお、ウォトリングは、団地を東西に走る通りから命名された(30)。

図 13　ロンドン州議会供給の公営住宅団地の分布図（1937 年）

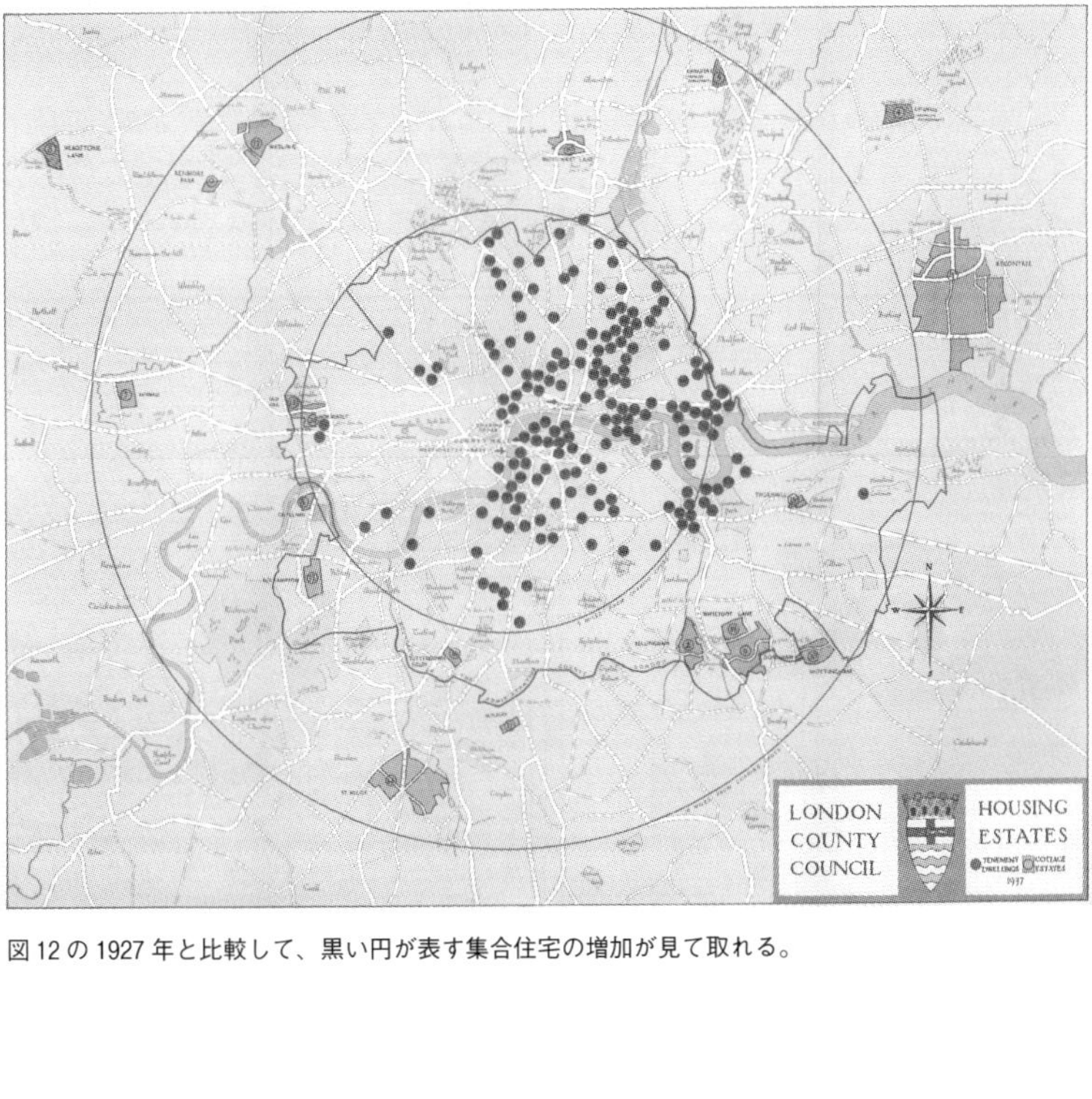

図 12 の 1927 年と比較して、黒い円が表す集合住宅の増加が見て取れる。

このウォトリング団地は、一九三〇年代に都市社会学者ルース・デュラントによる社会調査の対象となったことでも知られている[31]。

団地の敷地面積は三九〇エーカー、このうち四一エーカーはオープンスペース（加えて八エーカーは市民菜園、さらに二八エーカーはスポーツ用のグラウンド）に充てられ、元々あった小川を含む自然の景観や敷地の起伏を活かした土地利用計画が立てられた[32]（**図14**）。そして、ここに一エーカーにつき一〇・七戸という、田園都市路線を踏襲する、低密度の住宅団地が実現したのである。クルデサックと呼ばれた、袋小路を囲むように住宅を配する手法が採りいれられ、通過交通を遮断した閑静な住宅地の創出に寄与していた[33]（**図15**）。

図14　ウォトリング団地の土地利用図

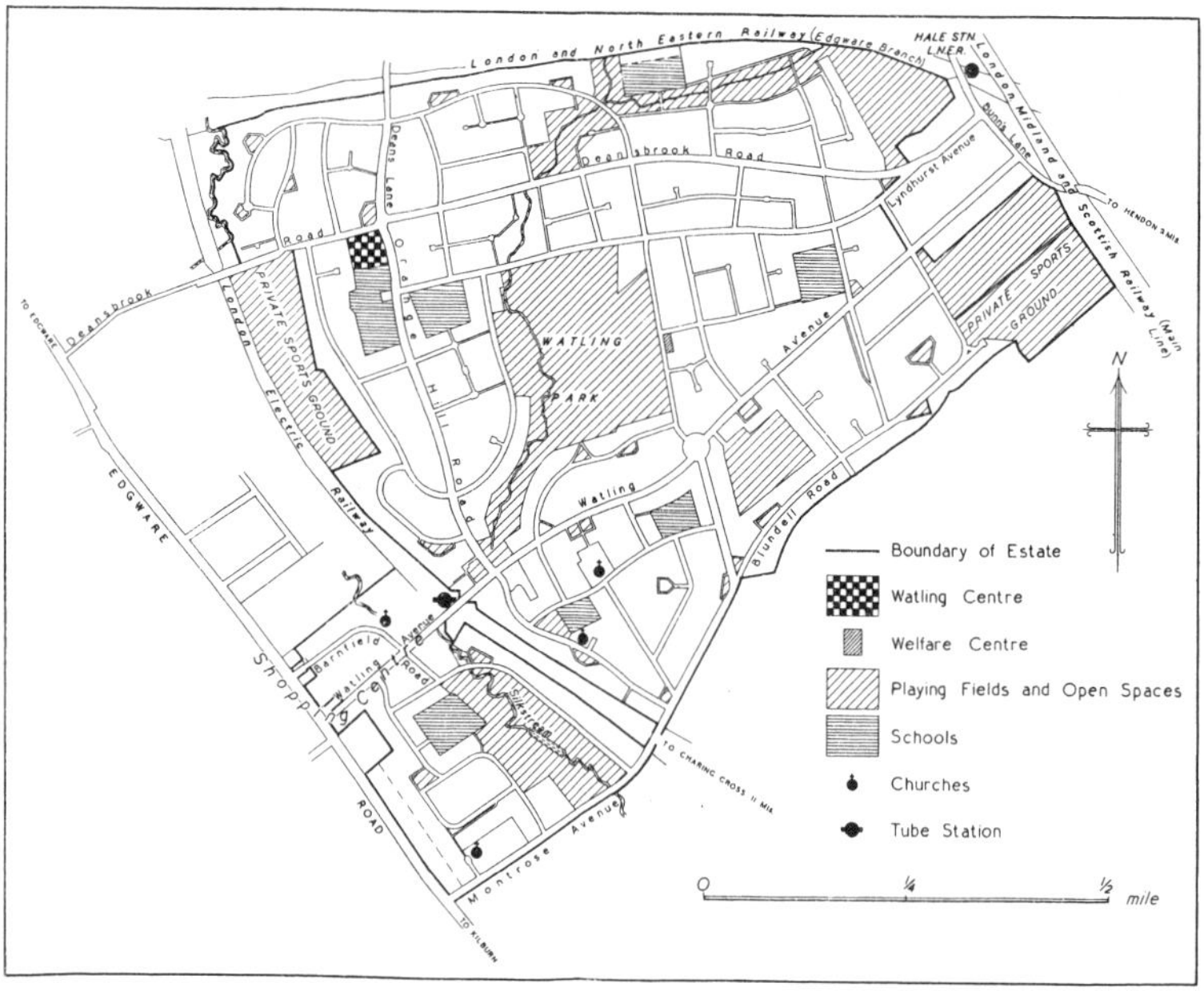

総戸数は四〇三二（戸建て三七一二、フラット形式三二〇）を数え、戸建て住宅が圧倒的多数を占めた（表5）。通常のレンガ造（図16）に加え、建築業の熟練工の不足を補うために、一部にコンクリート造や木骨造（図17）、外壁に鋼板を施した新工法の住宅も建てられている。団地建設に合わせてLCCは、学校用地を管轄の地元自治体に有償で払い下げ、諸宗派に教会・会堂用敷地を確保し、さらにリース契約で二箇所の商業施設および診療所整備のための土地を提供した。[34]

住宅の規模別比率は、三分の二が三寝室以上、また一八〇〇戸の三寝室住宅は、客間付きと客間なしにほ

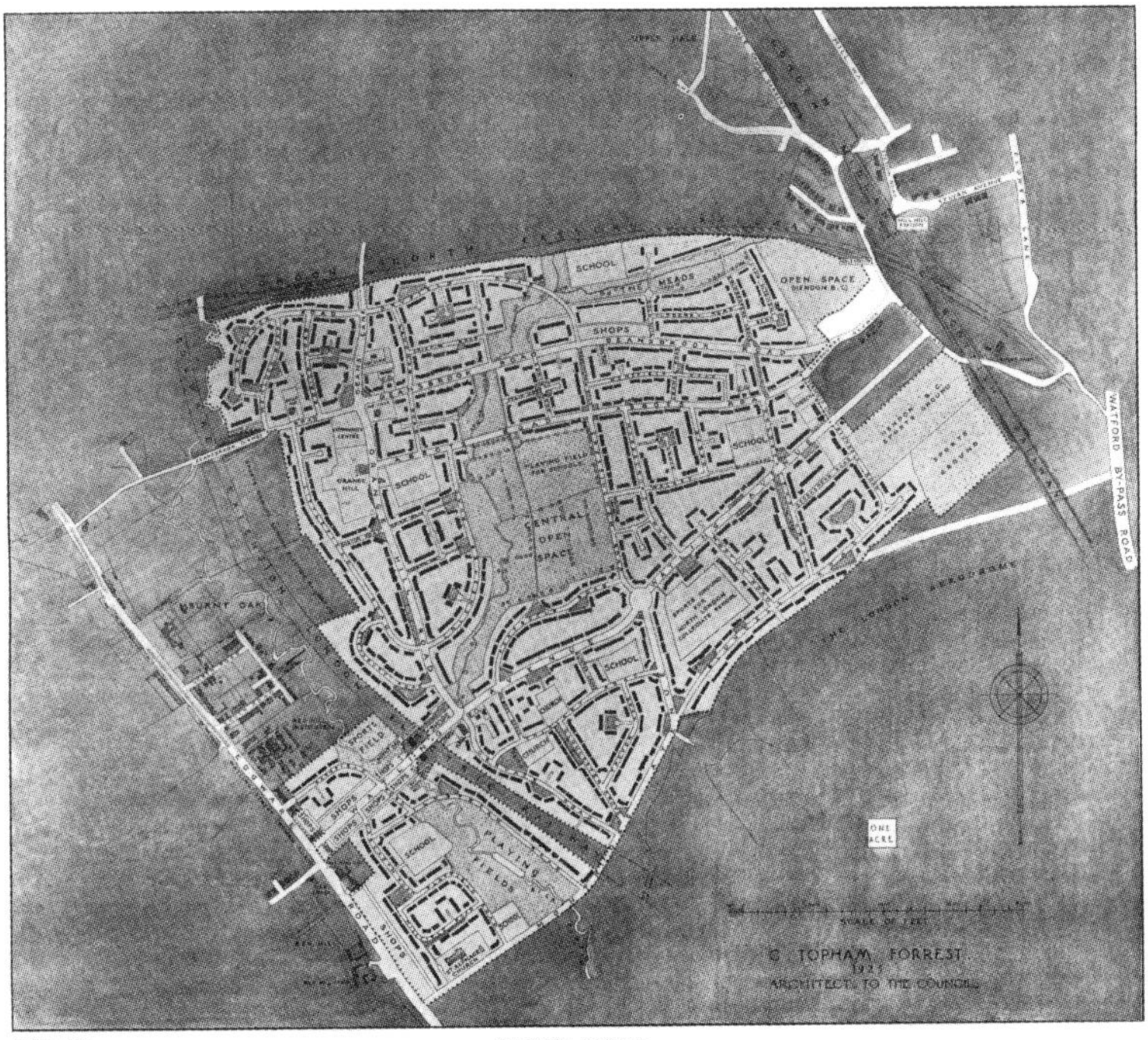

図15　ウォトリング団地の平面計画

図 16　ウォトリング団地の景観（1）：レンガ造の住宅の街並み

WATLING ESTATE—JUNCTION OF GLOUCESTER GROVE AND MONTROSE AVENUE.

図 17　ウォトリング団地の景観（2）：木骨造の住宅のブロック

WATLING ESTATE—THIRLEBY ROAD.

ぼ二分された（図18、図19）。LCCの方針にしたがって、住宅の七五％は過密居住の世帯や不衛生住宅の居住者に割り当てられた。当初の入居者の多くは、中心に近いキングス・クロス（セント・パンクラス特別区）やカムデン（イズリントン特別区）など、当時、スラムクリアランス事業が進行中だった地域から移り住み（表6）、完成時の人口は一万九〇〇〇を数えた[35]。

一九三〇年と一九三九年の団地の階層構成を比較すると、事務職は一六％→九％、熟練労働者は五一％→四八％、不

表5　ウォトリング団地：規模別住戸構成と家賃

住戸規模	戸数	比率（%）	週家賃	
			下限	上限
1寝室フラット	110	2.7	11s. 5d.	12s. 10d.
2寝室フラット	140	33.6	12s. 1d.	16s. 5d.
2寝室住宅	1,215			
3寝室フラット	70	46.8	14s. 6d.	20s. 7d.
3寝室住宅：標準（図18）	927			
：客間付（図19）	888			
4寝室住宅	682	16.9	17s. 8d.	28s. 9d.
計	4,032	100.0		

注）アパート対住宅の比率は，8：92

出典）Durant, *Watling: A Survey of Social Life on a Housing Estate* (London: P. S. King, 1939), p. 121 Table Iより作成。

表6　ウォトリング団地：入居世帯の従前の住所

ロンドン特別区	比率（%）
セント・パンクラス	24
イズリントン	21
パディントン	6
ランベス	5
フィンズベリー	4
セント・メリルボーン	3
計	63
他のすべての区	37
総計	100

出典）Durant, *Watling,* p. 121 Table II.

図18　標準的な3寝室住宅の設計プラン：平面図

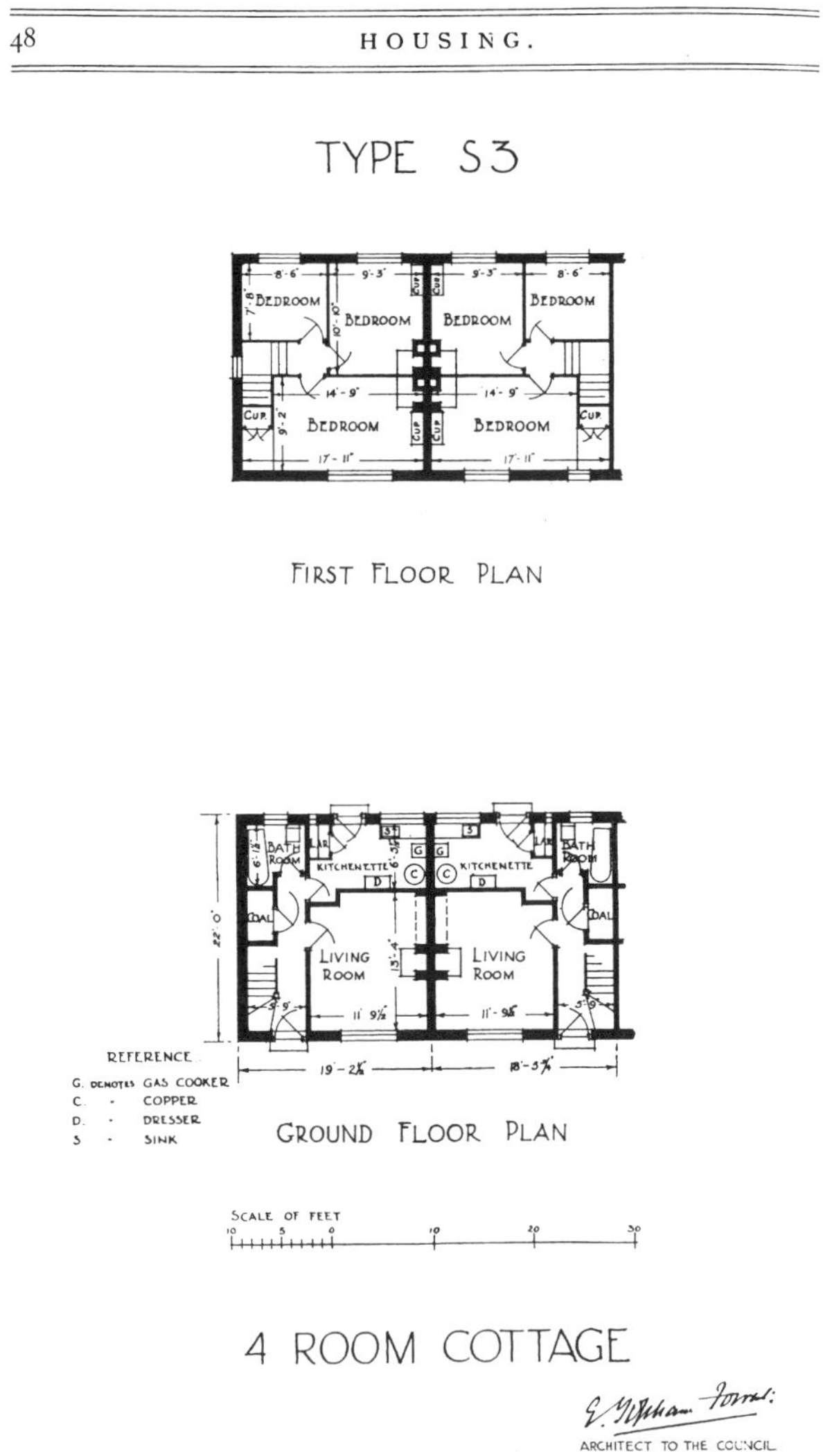

下の1階部分では、従来の流し場を表すscullery ではなく、小台所 kitchenette という名称が使われており、モダニズムの影響が示唆される。

図19　客間付きの3寝室住宅の設計プラン：平面図

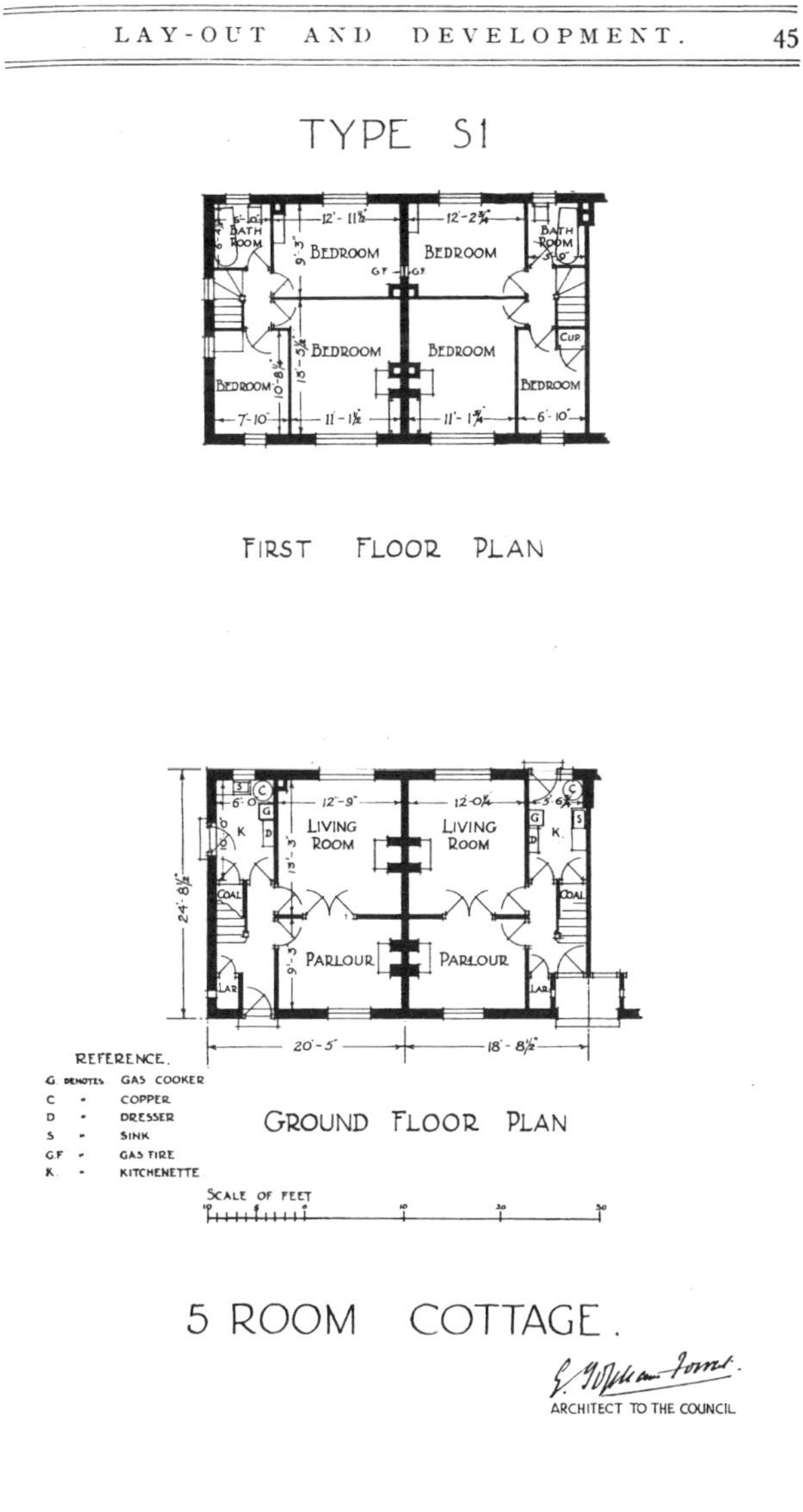
LAY-OUT AND DEVELOPMENT.
45
TYPE S1
BATH ROOM
BEDROOM
BEDROOM
BATH ROOM
BEDROOM
BEDROOM
CUP.
BEDROOM
BEDROOM
FIRST FLOOR PLAN
LIVING ROOM
LIVING ROOM
COAL
COAL
PARLOUR
PARLOUR
LAR.
LAR.
REFERENCE.
G. DENOTES GAS COOKER
C " COPPER
D " DRESSER
S " SINK
GF " GAS FIRE
K. " KITCHENETTE
GROUND FLOOR PLAN
SCALE OF FEET
5 ROOM COTTAGE.
ARCHITECT TO THE COUNCIL

熟練労働者は二九％→三一％、その他は四％→一二％というように、一九三〇年代を通じてホワイトカラーの比率低下が見られた[36]。

一九三六年から三七年に行われた調査によると、入居者の世帯構成と稼動人数は、次の通りであった。五人未満（働き手一人）が四四％、五人未満（同二人以上）が八・五％、五人以上（同一人）が二六％、五人以上（同二人以上）が二一・五％であった。また、世帯主収入の分布は、週四〇シリング以下が一・四％、四〇シリング一ペンスから六〇シリングが一四・四％、六〇シリング一ペンスから八〇シリングが五五・八％、八〇シリング一ペンス以上が二八・四％であった。これらの数字を、一九三〇年に行われたLCCの全郊外団地を対象とした調査の結果と比較すると、六〇シリング一ペンスから八〇シリングの層が厚く、最上層は少なかった。ウォトリングの住民は、比較的恵まれてはいるが、裕福とは言えなかったのである[37]。

一九二七年から三六年の最初の一〇年間、ウォトリングでは、もちろん住み続ける者も多かったが、他方で、年平均一〇％以上という、比較的高い住民の転居率を記録し、流動人口と定着人口の二極化が見られた。転居総数は三九〇〇世帯に上り、このうち二四六九世帯は民間住宅に移り、一四三一世帯はLCCの他の団地に移住した。転居者のなかには、過重な家賃負担に耐え切れず市内に戻る者、仕事や家庭の事情で他の団地に移り住む世帯に加えて、住宅ローンを組んで近隣に持ち家を取得する層の存在があった[38]。

最後に、団地の社会生活について見ると、初期のウォトリングは、住宅と未舗装の泥道が延々と続く新開地の様相を呈し、都心から移り住んだ住民の、あまりの静けさに落ち着かなかったという声も聞かれた。そもそもウォトリングは、中流階級の確立された、排他的な郊外住宅地に隣接して建てられたため、開発当初から、周辺住民の謂われのない敵意にさらされたのである。そうしたものへの反発と、施設整備の遅れなどに対する不満が、初期の居住者間の連帯を促し、一九二八年には居住者組織が設立される[39]。主として親睦と娯楽を目的とした、この初期の居住者組織は、コミュニティ・センターを求めて活動を続ける過程で、セトルメント運動を母体とする、外部の団体の指導を受けて改組された。新しい居住者組織は、ウォトリング協会と呼ばれ、団地外の会員も受け入れて、福祉財団の資金援助を受けて、一九三三年にはコミュニティ・センターを実現させた。しかし、教育や文化といった啓蒙的な要素に力点を置いた活動は、概して居住者に不人気で、入会率も低く、むしろ住民の間では、スポーツ・クラブ、園芸協会、退役軍人会などを通じた交流が盛んだったと言われている[40]。

五　公営住宅政策の特色と成果

第一次大戦を契機に成立するイギリスの公的住宅政策の展開を中心に見てきた。この過程はどう評価されているのだろうか。まず、両大戦間期の公的住宅政策には、その時々の支配・政権政党の立場を反映した政策の追求による振幅が生じた。保守党は、比重を民間賃貸から持ち家奨励に移しながらも、自由な住宅市場の復活をめざし、その目的にかなう限りの公的介入策を採用した。他方、労働党は、公営住宅の供給（民間賃貸の公共賃貸による置換）を軸とする公的介入の強化を掲げていた。両党に共通していたのは、民間家主層の放棄という点、つまり戦前の住宅供給を担っていた民間賃貸部門を包摂した政策形成がなされなかったことである。労働者住宅の家賃統制の継続も、こうした文脈のなかで理解されなければならない。さらに、家賃統制と一連の住宅法による公的住宅供給は補完関係にあった。

両大戦間期の公的住宅政策には、時期による性格の変化も認められる。すなわち、一九二〇年代の、全般的な住宅不足に対処し、住宅ストックの拡大を優先する政策から、一九三〇年代には、十九世紀工業化の負の遺産でもあった不良住宅地域の除去に関わるスラムクリアランス政策へと転換したのである。この過程は、より批判的な観点からは、労働者全般に対する社会サービスとしての公的住宅供給から、十九世紀的な衛生改革の発想への後退と特徴づけられ(41)、ここに公営住宅の低所得層への限定、いわゆる残余化の端緒を見出すこともできる(42)。この転換が、とくに一九三〇年代のイギリス政治における保守党の支配と、その主張を体現した政策の展開と結びついていたことは言うまでもない。しかし、いずれにしても、両大戦間期にイギリスに特有の公営住宅政策が成立したことは疑いえない。

次に、住宅建設の量的成果について見ると、新規の建設戸数はイギリス全体で四五〇万戸に上り、両大戦間期にイギリスの住宅ストックはおよそ五〇％増加し、一九三九年には一二〇〇万戸に達した（表7）。その内訳は、自治体が一三九万戸、民間業者が三一四万戸であった。イングランドとウェールズについて両者の比率を見ると、自治体が二七・九％、民間業者が七二・一％、同様に地域別の両者の比率を見ると、南東部一七・九％：八二・一％、北部三五・二％：六四・八％、ミドランズ三四・三％：六五・七％、東部三五・八％：六四・二％、南西部二五・六％：七四・四％、ウェールズ三四・二％：六五・八％であった(43)。

ロンドンを含む南東部では民間の比率が高く、対照的に北部では自治体のより大きな貢献が認められる（東部は、主に農業地帯で、建設戸数そのものも少なかった）。イングランドの北部は、十九世紀の広範な工業化にともなう深刻な住宅問題を抱え、過密居住度も高い地域であった。例えば、ラウントリーがヨークで実施した二度目の貧困調査によれば、一九〇一年と比較して、一九三六年の同市の過密居住度が六％から二％に、また不良住宅の比率も二六％から一二％にそれぞれ低下していた[44]。いずれも北部に位

表7　イギリスの住宅建設戸数　（建設主体別）1919–1939 年

4月1日–3月31日	地方自治体 イングランド・ウェールズ	地方自治体 スコットランド	民間業者 イングランド・ウェールズ	民間業者 スコットランド
1919/20	576	—	—a	—a
1920/21	15,585	1,201	—a	—a
1921/22	80,783	5,796	—a	—a
1922/23	57,535	9,527	—a	—a
1923/24	14,353	5,233	71,857	—a
1924/25	20,624	3,238	116,265	3,638
1925/26	44,218	5,290	129,208	5,639
1926/27	74,093	9,621	143,536	7,496
1927/28	104,034	16,460	134,880	6,137
1928/29	55,723	13,954	113,809	5,024
1929/30	60,245	13,023	141,815	5,011
1930/31	55,874	8,122	127,933	4,571
1931/32	70,061	8,952	130,751	4,766
1932/33	55,991	12,185	144,505	6,596
1933/34	55,840	16,503	210,782	10,760
1934/35	41,593	15,733	287,513	6,096
1935/36	52,357	18,814	272,503	7,086
1936/37	71,740	16,044	274,313	7,757
1937/38	77,970	13,341	259,632	8,187
1938/39	101,744	19,162	230,616	7,311
1939/40	50,452	19,118	145,510	6,411

a – S. Merrett (with F. Gray), *Owner-Occupation in Britain* (London: Routledge & Kegan Paul, 1982), p. 346 によれば、1919–23 年の民間業者の建設戸数は推計年平均 25,727 戸。

出典）Meller, 'Housing and Town Planning, 1900–1939', Table 24.1 (b).

置するリヴァプール、マンチェスター、シェフィールド、リーズに、ミドランズの中心都市バーミンガムを加えた五つの自治体だけで、両大戦間期に供給された公営住宅の約二割を建設していた(45)。

スコットランドでは、自治体と民間業者の比率が七〇%：三〇%と逆転しており、自治体中心の住宅供給が行われた。これは同地域が戦前、イギリスのなかでも相対的に居住水準が低く、また両大戦間期には造船、鉄鋼などの旧基幹産業が構造不況に陥って経済が沈滞し、民間の住宅建設復活の契機を欠いていたことが大きかった(46)。

両大戦間期に確立された公営住宅政策の結果、『チューダー・ウォルターズ報告』に沿った良質の公共賃貸住宅の大量供給が実現した（図20）。また、とくに田園郊外型のモデル（図21）の採用により、過密の中心市街地から、都市周縁の新住宅地への住民の大規模な分散が生じることになった。総じてこれは、労働者階

図20　1919年の「住宅・都市計画法」に基づく高水準の公営住宅の例（1924年、ストーク市議会）

級の居住水準の無視できない革命 a minor revolution であった。

かくして自治体の住宅政策は、労働者階級のための郊外化過程を定着させた。少なくとも十九世紀中葉以降、中流階級が追求してきた郊外化であるが、当初は少数のための概して無意識の過程であったものを、今や多数のための計画的過程へと発展させたのである。(47)

ロンドン州議会（LCC）が両大戦間期に供給した八万二三〇〇戸のうち、五万八七七〇戸は主として一五の比較的小規模な

図 21　1930 年代の郊外型公営住宅団地の例：ウェリー・カッスル団地の平面計画（バーミンガム市議会）

郊外型住宅団地に建設された[48]。例外は、中心から一〇マイルの東部郊外に開発された総数二万五〇三九戸、収容人口一一万二五七〇人のベコントリー団地で、これは当時としては世界最大の住宅団地であった[49]。

もちろん、こうした成果とともに、また限界もあった。まず、高水準の住宅は相対的高家賃を意味し、そのため入居者の階層が限定されることになった。例えば、LCが管轄する団地の住民構成を見ると、下層中流階級や熟練労働者の割合が高く、労働者下層は少なかった（表8）。一九三〇年代にスラムクリアランスが本格化すると、その対象となった低所得層のなかには、提供された郊外住宅への移住にともなう生活費の高騰によって貧困に陥る者、またそれゆえ旧市街に戻ってくる者もいた[50]。例えば、ロンドン中心の三つの特別区のスラムクリアランス事業にともなう転出住民八七二〇人を対象に、一九三八～三九年に実施された調査は、LCCが提供した住宅に入居した六四〇〇人のうち、郊外団地に移り住んだ

表8　ロンドン州議会供給の住宅団地入居者の職業構成 1935-1936 年

ウォトリング団地と他の主要な郊外型団地の比較

職業集団	ウォトリング		他の団地	
	居住者数	比率（%）	居住者数	比率（%）
熟練労働者	880	22.0	9,403	22.6
半・不熟練労働者	1,010	25.0	13,050	31.3
運輸労働者	760	19.0	7,069	17.1
小売流通業	211	5.3	2,095	5.0
事務員	348	8.7	4,193	10.0
家事奉公人	114	2.9	806	2.0
郵便局員	209	5.2	1,467	3.6
軍・警察・消防	95	2.4	854	2.0
その他	142	3.6	932	2.2
年金生活者	118	2.9	1,106	2.5
寡婦	86	2.2	600	1.4
無業	33	0.8	141	0.3
合計	4,006	100.0	41,716	100.0

出典）Durant, *Watling*, p. 124.

人の割合はわずか七・五％で、残りは近隣の、新旧の集合住宅に移ったことを明らかにしていた。[51]

次に、両大戦間期に供給された公営住宅全体の三分の二は標準的な三寝室住宅（一寝室住宅は全体の四・三％・四寝室住宅は三・七％）で、増加しつつあった小規模世帯の住宅需要や、多人数世帯の住環境の改善に十分対応できなかった。[52] これが画一的な住宅の大量供給につながり、団地や地域社会の世帯・階層構成の歪みを生んでいた。こうした欠陥に加えて、計画不足から就業や雇用の場との関連を欠き、また財政上の理由から生活関連諸施設や共用施設が不十分な団地が多く建設され、批判の的となった。[53]

団地は、市の中心地にある既存の施設からは切り離され、職場からも遠く、また交通機関の接続も不十分であった。同じく、団地に引っ越すことで、援助と義務からなり立つ非公式のネットワークをもった古いコミュニティも壊されてしまった。[54]

さらに、不良住宅の除去と中心市街地の再開発にかかわる一九三〇年代のスラムクリアランス計画は、その主たる標的が民間の老朽住宅であったこと、またしばしば私的な住宅資源に乏しい労働者下層に対する代替住宅を提供するという点からも、すぐれて民間住宅市場への公的介入を体現した政策でもあったが、その成果（二七万三〇〇〇戸）は、除去を必要とした認定戸数の四七万二〇〇〇戸には遠くおよばなかったのである。[55]

第三章　第二次世界大戦と住宅問題

第二章でも述べたように、両大戦間期を通じて、一三九万戸の公営住宅と三一四万戸の持ち家が建設され、これによってイギリスの住宅ストックはおよそ五割増加し、一九三九年には総計一二〇〇万戸を数えた。自治体、民間部門の別を問わず、新たに住宅ストックに加わった四五〇万戸のうち、大多数は、低密度の田園都市路線の開発手法を受け継いだ郊外住宅であった。

成果とともに、とくに公営住宅団地が、欠陥を抱えていることも明らかだった。また、一九三〇年代に入ると、建築のモダニズムのイギリスへの浸透にともなって、こうした郊外型、分散型の住宅開発が批判の対象になり始めた。第二次世界大戦は、イギリスにおける住宅のあり方を改めて問い直す機会を提供することになったのである。

一　社会政策の画期としての第二次世界大戦

後年、イギリス社会政策論の泰斗として知られたリチャード・ティトマスは、一九五〇年に刊行された第二次大戦の公式史の一巻において、戦況が思わしくなかった大戦初期の疎開や空襲などの共通体験によって醸成された社会的連帯の意識が、人々の政府の役割に対する期待を一変させ、戦後のより普遍主義的な福祉改革を準備したと主張した(1)。

その後、一九七〇年代にはティトマスの議論を引き継ぎ、戦後改革にかんする合意(コンセンサス)の形成という観点から、やはり第二次大戦の経験を積極的に評価する解釈が定着する(2)。それによれば、イギリスは戦争によって多大な人的、物的損失を被ったが、その一方で、総合的な社会保障の見取り図を示したベヴァリッジ報告(一九四二年)への世論の積極的反応にも見られるように、国内に改革の機運が高まり、広範な戦後再建が政治日程に上った。こうして、戦時連立政府を構成した保守党と労働党の間で社会保障や保健、完全雇用や教育などの諸分野の実質的な改革にかんする合意がなり、世論を背景に一九四五年に成立する労働党政府が創設した政府主導の福祉国家こそ、この社会政策的コンセンサスの成果だったというのである。

住宅は、都市計画と並んで政党間の懸隔・対立が大きく、そもそもコンセンサスが成立しなかった政策領域とされてきたので、若干事情が異なることもまた事実である(3)。この点、住宅研究の第一人者ピーター・

マルパスの解釈が示唆的である。マルパスは、住宅政策が、通常の福祉国家が提供する他の政策分野とは異なりマージナルな地位を占めていること、また、とりわけイギリスの場合、ごく初期段階から持ち家施策を含む、民間市場を取り込んだ一種の「福祉の複合体」が成立していたため、むしろイギリスの住宅政策には、近年の福祉国家の変容を先取りしていた側面があったと指摘する。こうした視点から、イギリスの戦後改革において、住宅市場や住宅供給システムの抜本的な改革がなされなかったことこそが、その最大の特徴であったと主張するのである(4)。

確かに住宅は、両大戦間期に成立した公営住宅制度が一九四五年以降も存続することからも、本質的な改革がなかった政策分野である。しかし、ドイツ空軍の都市爆撃によって甚大な被害を被った住宅の復興は、当時、多くの一般市民や住宅問題に携わる者にとって最大の関心事であった。イギリスでは大戦中、理想の住宅像をめぐる社会的な論議が活発に行われ、同時に実際に住民の声を戦後の政策に活かすため、人々の住宅意識を広範に探る試みも見られた。戦時連立政府も、戦後住宅を検討する審議会を設置して、専門家や各種の中間団体など民間の諸活動によって醸成された社会的関心に応えた。重要な点は、こうした一連の実践によって、両大戦間期の住宅政策が検証され、これまでの住宅のあり方が問い直されたことである。

そこで本章では、とくに戦後住宅のあるべき姿を示す青写真となった諮問委員会報告『住居の設計』の検討を軸に、住宅をめぐる第二次大戦期の動向を振り返ってみたい。

二　戦後再建と住宅・都市計画論の台頭

第二次大戦期のイギリスでは、早い段階から戦後再建論が浮上した。これにはいくつかの理由があった。まず、とくに大戦初期の大規模な空襲が戦災都市の物理的復興を必然化し、「イギリスの再建」を「望ましくも、いささか非現実的かつ曖昧な理念から、喫緊の実践的課題」へと転換させたことである(5)。

一九四〇年九月からおよそ九ヵ月にわたる、ドイツ空軍によるイギリス本土への史上初の断続的空襲は、ロンドンをはじめ、主要な工業都市、商港や軍港など随所でイギリスの産業経済や都市基盤に甚大な被害を与えた。さらに戦争末期には、ロンドンを含む南イングランドが二三〇〇を超える新型ロケット弾の攻撃に曝された(6)。戦災の九割以上を占めたのが、住宅の破壊であった。国内の被災家屋は約四〇〇万戸に上り、総戸数のおよそ三分の一に相当した。このうち四六万戸が破壊あるいは居住不能の状態に陥った。さらに、戦争にともなう一般の住宅建設および補修の停止措置がとられる一方、一〇〇万の人口増加とこれを上回る新世帯の形成があったため(7)、深刻な住宅難が予測される事態となった。

次に、計画化 planning をキーワードに、広範な社会改革を戦後再建に求める思潮の台頭があった。すでに一九三〇年代に進歩的な識者や専門家の集団、また保守党の改革派を含む超党派の組織などが、経済危機の打開策として、より介入主義的な経済計画の策定や社会政策の拡充などを唱える計画化の多様な議論自体は見られたが(8)、大戦とその衝撃が、こうした動きを大きく後押しすることになった。とりわけ戦争初期の疎開や空襲、配給制度などの戦時生活の犠牲と共通体験は、国民の間に一定の平準化をもたらすとともに、イギリス社会が抱えていた階級間の社会経済的・文化的格差を人々に実感させ、両大戦間期の大量失業、貧困、スラムと過密居住など、戦後に向けて克服すべき実践的課題を浮き彫りにした。(9)

自由党系の出版社主エドワード・ハルトンの大衆写真誌『ピクチャー・ポスト』は、いち早くこうした動向を巧みにとらえ、ドイツ空軍によるイギリス爆撃キャンペーンの最中、一九四一年一月に「イギリスのための計画」特集号を刊行した。冒頭に、失業中のウェールズの坑夫の手記を配し、およそ四〇ページにわたって各分野の専門家による雇用、社会保障、都市計画、住宅、教育、保健、余暇などにかんする提言を掲げた特集は、その序文で、第一次大戦後の改革の挫折にふれ、同じ轍を踏まないよう、人々に戦後に向けた議論と入念な準備の必要性を説いていた。

新しいイギリスのためのわれわれの計画は、戦争と無関係であったり、戦争の後に来るものではない。それは、われわれの戦争目的と不可分の関係にある、否、最大の戦争目的である。われわれは、この新しいイギリスのために戦っているのだ。(10)

さらに戦後再建は、政府にとっても、戦時体制の維持にも欠かせない象徴的な意味合いを帯びた課題となった。とくにイギリスにとって戦況が不利だった大戦前期には、国民的な動員体制の上に立って戦争を遂行するためには国民の志気の維持は欠かせず、「この志気の維持には、将来の青写真を提供する必要があった」からである。(11)

一九四〇年一月には、両大戦間期の長期不況によって顕在化した地域間格差の問題（南西部やロンドンへの人口の過渡集中と北部、南ウェールズ等の産業衰退）を検討するために一九三七年に設置された、「産業人口の配置にかんする王立委員会」（通称バーロー委員会 Barlow Committee）の報告が公表され、首都圏の過密解消、衛星都市や工業団地の建設による産業と人口の適正配置、またこうした政策を統括する中央計画局の設立を提唱していた(12)。空襲被害の拡大を受けて、政府は同年一〇月には土木・建造物省を創設し、英国放送協会 British Broadcasting Corporation（ＢＢＣ）の初代会長を務めたジョン・リースを担当大臣に任命した。リースは強力な主導権を発揮し、専門家を中心とする戦災都市復興の予備的調査や首都ロンドンの再建計画の発議など、戦後に向けて、より建設的かつ介入主義的な都市計画の検討に着手した。一九四二年二月には、保健省から都市計画権限の移管を受け、土木・建造物省が土木・計画省に再編され、さらに翌四三年には、都市計画を専門とする、独立の都市農村計画省が創設された(13)。

こうして、戦後再建をめぐる論議は計画化と分かち難く結びつき、大戦を通じて、社会的関心を集めた。例えば、一九三一年に設立され、早くから社会経済諸領域における計画化を掲げていた調査機関ポリティカル・アンド・エコノミック・プラニングは、戦時下の活発な活動と機関誌『プラニング』の購読者数の急増を伝えていた(14)。また、官民の動向や法制など戦後再建に関連する情報や知識を網羅した、『計画化と再建』と題した年鑑の刊行も始まり、その第三巻（一九四四〜四五年）には、「計画化と再建に関心を持つ団体」として、全国解体業者連盟やイギリスおよびアイルランド国際ロータリー協会など、多方面にわたる二六〇余の組織が名を連ねていた(15)。

なかでも顕著だったのが、住宅・都市計画論の隆盛であった。[16] 世論を喚起するため、一般向けの啓蒙書や小冊子の刊行、展覧会などを通して「新しいイギリス」のさまざまな青写真が提供された。[17] また厳しい出版事情にもかかわらず、立派な装丁を施したいくつかの個別都市の再建計画が出版されたが、これらは戦災都市のみならず戦災を免れた中小都市をも巻き込んだ再建計画作成ブームともいうべき現象の一環をなしていた。[18] さらに、大戦中、約三〇の各種団体から住宅にかんする提言が発表された。[19]

建築家や都市計画家の多くは、戦後再建への熱意と楽観主義を表明していた。戦災は彼らにとって、スラムの一掃や老朽化した都市機能の刷新によって、一般市民の居住環境の計画的改善をはかる千載一遇の機会を提供するものであった。ハル、ミドルスバラ、ポーツマスなどの調査活動でも知られた気鋭の都市計画家マックス・ロック（Max Lock　一九〇九～八八）は、その高揚感を次のような言葉に託していた。

　ヒトラーは少なくともわれわれに覚醒作用をもたらした。イギリス国民は、突如として自らの都市のあるがままの姿を目の当たりにすることになったのである。眼前で見慣れた建物が――あたかも真に迫ったシュールレアリズムの如く――崩壊し、その跡に出現したさえぎるもののない空間にわれわれはある種の開放感さえ覚えている。ここにこそ未来への希望が、また失われかねない好機が存在する。こうしたオープン・スペースが過密化した都市に、そしてもしかするとわれわれの硬直化した感性に風穴を開け始める。[20]

とりわけ市民生活に直結した住宅の大規模な被災は、人々に戦争の破壊力をまざまざと示すとともに、その復興を戦後再建構想の最重要課題の一つに押し上げ、戦後住宅のあり方をめぐって、国内で広範な議論が展開されることになった。

三　住宅をめぐる専門家の議論

論争の主な担い手となった住宅改革家、建築家、都市計画家などの専門家は総じて、ロックの発言からも窺えるように、過去の「無計画な工業化と都市化」の遺産に反発し、これを「一掃」して、いわばゼロから新しいイギリスを構想するという観点を共有していた。(21)彼らはまた、大戦によって露呈した甚だしい不平等などの社会悪を克服し、両大戦間期の郊外型住宅地に対する批判（公共施設の不備、住民の帰属意識の欠如、単一階級の集住地）に応えるために、戦後に向けて、均斉のとれた居住地コミュニティの建設をめざすという点でも広範な一致を見た。こうした共通認識を基盤としながらも、望ましい都市や住宅のあり方をめぐって、専門家の見解は大きく二分された。

都市農村計画協会 Town and Country Planning Association（以下、ＴＣＰＡ）(22)を中心とする、田園都市理念の継承者たちは、既存の都市を含めて、圧倒的多数の都市住民に庭付き戸建て住宅を提供することが住宅復興の要諦であるという主張を展開した。協会主催の戦時下の会議におけるＴＣＰＡの会長フレデリック・オズボーン（Frederic J. Osborn　一八八五〜一九七八）の発言が、その立場をよく示していた。(23)彼は、一方で職住近接・適正規模の都市開発を理想としながらも、大都市解体の非現実性を認めた。また、イングランド農村保全評議会Council for the Preservation of Rural Englandなどの自然保護団体による無秩序な郊外化や田園浸食への批判に配慮を示し、[24]農業用地の最大限保全と既存都市の過密解消のバランスをとる必要性を強調した。そのためにも、産業と人口の分散と適正配置を前提に、市街地の再開発とニュータウン建設を並行して進めなければならなかった。そして、分散とはなによりも既存都市の居住密度を引き下げ、「都市の産業を生業とする大多数の人々にとって、最良の居住環境を実現」することにあった。[25]オズボーンは、自らのいう「最良の居住環境」を、次のように表現した。

われわれの主張の根底にあるのは、人々の当然の権利としての生活様式という考え方である。家族用の庭付き戸建て住宅が国民的標準であり、効率的な産業が国家の要請である。[26]

かくしてTCPAにとっては、長年の主張であった一エーカーにつき一二戸という低密度の住宅開発こそが、人々の住まいと庭への願望を満たす手段であるとの確信は揺るがなかった。

もう一方の極には、戦後の大規模な復興事業を見据え、既存都市の再開発による居住水準の引き上げに力点を置く、モダニズムの建築家や都市計画家がいた。ル・コルビュジェ（Le Corbusier　一八八七〜一九六五）やヴァルター・グロピウス（Walter Gropius　一八八三〜一九六九）の影響下にあった彼らの理想は、効率的な交通網によって結ばれ、生活と労働と余暇の機能が計画的に配置された、光と空間と緑にあふれる都市環境の実現にあった。[27]

『ピクチャー・ポスト』誌の「イギリスのための計画」特集号への建築家エドウィン・マックスウェル・

フライ（Edwin Maxwell Fry　一八八九～一九八七）の寄稿が、こうしたアプローチを体現していた。「新しいイギリスは計画されねばならない」と題する記事を飾った挿し絵は、典型的な戦前の無秩序な市街地と、これを計画的な再開発によって再建した様子を対照させて描いた鳥瞰図となっており、視覚的効果に訴えて、読者に「新しいイギリス」を印象づけた。未来都市においては、幅員の広い道路が縦横に走り、建造物は用途別にゾーニングされ、有害な工場群は周辺に追いやられ、中心には、公園の中に、整然と並んだモダンな集合住宅（フラット）が誇らしげに建っていた(28)（図22）。モダニストの提唱する「光と緑にあふれた」団地群は、十九世紀のテネメント形式の、旧い集合住宅や複数世帯の共同住宅に付きまとっていたマイナスのイメージを転換する役回りをも担っていたのである。

建築家の代表的な職能団体として、戦後再建にも積極的姿勢を示していた王立建築家協会 Royal Institute of British Architects も、既成市街地の居住環境の改善に、中高層の集合住宅の開発が果たす役割を高く評価した。

フラット開発は……適正な居住密度を超えて人々を詰め込むためのものではなく、高層化によって余暇空間を解き放つための手段である。そのためには、採光や通風への配慮、広い居住空間の確保が求められ、また給湯や暖房、エレベーターの設置、レクリエーション施設の提供など、共有設備をフルに活用しなければならない(29)。

さらに、戦後に予想された小規模世帯や単身者の増加も、彼らにふさわしい住まいとしての集合住宅の

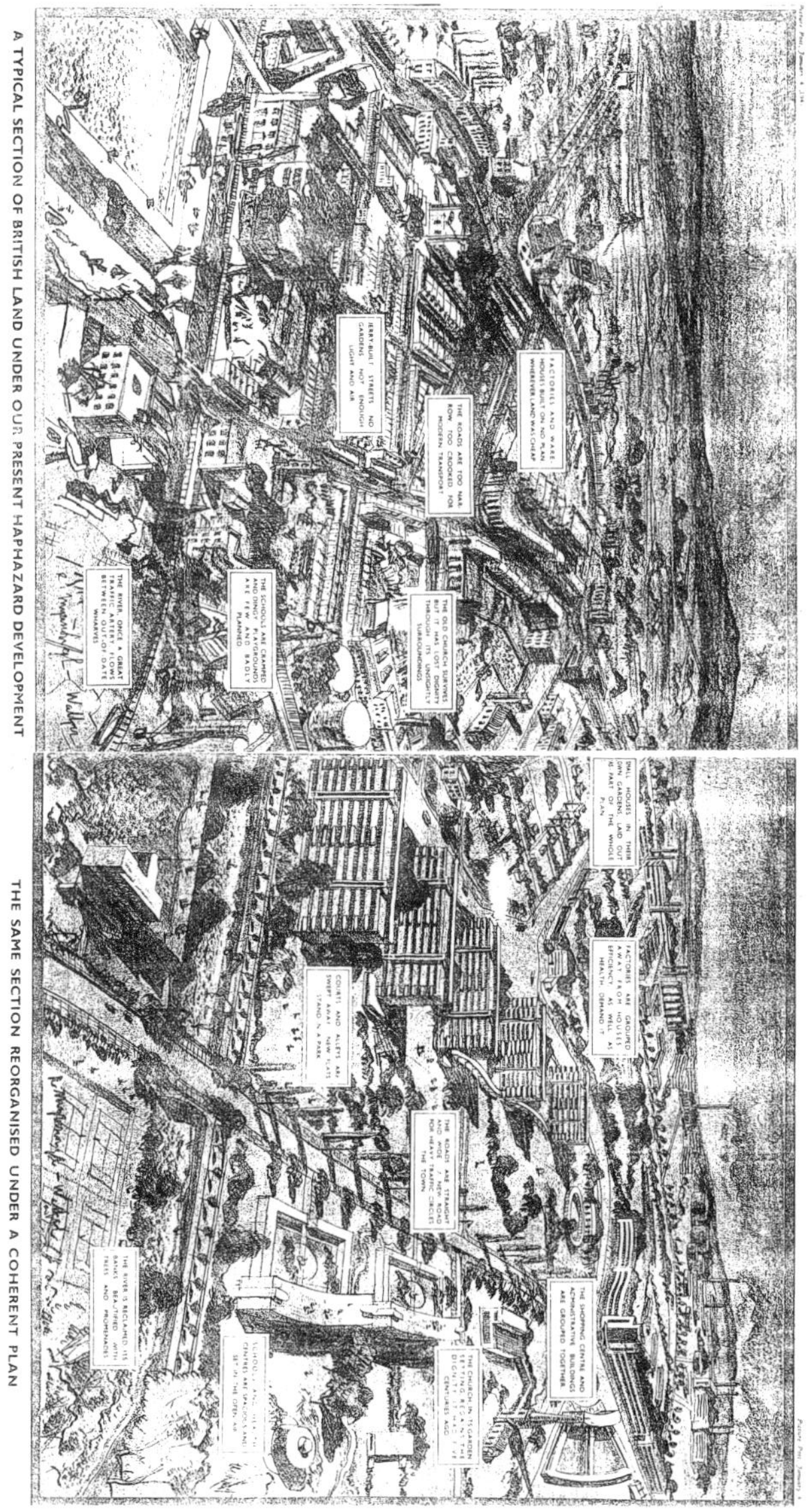

図22　モダニズムの建築思想に基づく、中心市街地の再建復興案

普及の可能性を示唆しており、一面でモダニズムの主張を後押ししていた[30]。

ニュータウン建設による大都市分散とモダニズムの手法による既成市街地の抜本的再開発、双方の主張は必ずしも相容れないものではなかった。しかし、ＴＣＰＡが重視する健全な家庭生活と伝統的な住文化と、モダニストが提唱する機能性と利便性に優れた都市型居住という、望ましい住環境をめぐる基本的な立脚点の違いが、居住密度の問題ともかかわる、戸建て住宅対集合住宅の論争として展開され、両者の溝は容易には埋まらなかったのである。

四　民主的計画化と住宅世論調査

この時期、一般市民が住宅復興に強い期待を寄せていたことは想像に難くない。『ピクチャー・ポスト』の「イギリスのための計画」には、同誌の呼びかけもあって、発行後数ヵ月のうちに一一〇〇通を超える投書が寄せられた。総じて、計画への期待や関心を表明する趣旨のものが多かったが、同時に改革への不安や戸惑い、実現可能性について疑念を隠せないといった懐疑的内容のものも少なからず見られた。

最も頻繁に取り上げられたテーマは住宅を含む都市計画であり、読者の関心の所在を示していた[31]。ある「ガス配管工の妻」からの投書には、「貴誌のフラットは、間違ってもマイホームにはならないでしょう。ある町中の見苦しい、古い住宅を一掃することはできても、おいそれと人間性まで変えることはできません」とあった[32]。その後の大戦中の各種世論調査も、とりわけ女性の間で住宅への関心が高いこと、また時の経過とともに住宅難への苦情や政府批判の声が増していったことを示しており、戦争末期には住宅が雇用を抜いて国民の最優先課題に浮上した[33]。

専門家の議論や提言と並行して、大戦中、実際の住民の声を戦後の住宅政策に反映させるために、住宅復興に託されたこうした人々の思いや願望を探る取り組みが見られた。一九四二年当時、戦時連立政府の国璽尚書の地位にあり、一九四五年の労働党政府では蔵相も務めたサー・スタフォード・クリップスは、「これからの住まい」と銘打った展覧会に、次のような開会の辞を送った。

これは、専門家のための展覧会ではありません。一般の人々が見学し、判断し、批判し、議論し、来るべき戦後再建のなかで、良質の住宅や学校、各種のアメニティを要求できるように意見形成を行うための展覧会です。

この展覧会は、いわばわれわれの民主的機構に欠くべからざる要素なのです[34]。

一般市民の意見聴取は、ナチス・ドイツを強く意識した民主的計画化 democratic planning の考え方によって裏打ちされていた。TCPAのオズボーンは、イギリスが「民主的伝統の受託者として、諸個人の嗜好や目標に配慮した計画化によって、全体主義国家の冷徹かつ専断的な計画化に対抗しなければならない」と述べ、王立建築家協会も、それぞれの地域の計画作成に「見識を備えた市民の積極的な関与」を歓迎するとした[35]。とりわけ日常生活を大きく規定する住宅・都市計画の領域では、望ましい住環境の形成に人々の意見を反映させることが重要であると考えられたのである。

民主的計画化の提唱はまた、専門家の構想と庶民の戦後再建に寄せる期待とのあいだに生じつつあったずれに対する批判的認識に支えられていた。一九三七年に設立され、市井の声を汲み取るユニークな活動を展開した社会調査機関マス・オブザヴェーションの所長として、市民の積極的な社会参加にも熱心だったトム・ハリソン（Tom Harrisson　一九一一～七六）は、「多くの都市計画家は、自らの私的世界に閉じこもり、彼らに真に関わる唯一の事柄、すなわち、共通の人間のニーズについての多くの証拠を無意識のうちに排除してしまっている」、またそのため「実際いかなる類のコミュニティが人々に満足をもたらし、彼らがどのような住まいを望んでいるか」についての基本的な検討が欠けていると、専門家に苦言を呈し、「都市計画が、その前線を拡大すること」を訴えた(36)。同時に、ハリソンは正しくそこに、マス・オブザヴェーションの果たすべき役割を見出していた。

> ハウスを建てるのが専門家だとすれば、ホームをつくるのが普通の夫婦である。両者はしばしば、お互いに相手が何を考え、何を求めているのか、皆目見当もつかないまま、それぞれのハウスを建て、ホームをつくっている。マス・オブザヴェーションの役割は、専門家とアマチュア、計画家と計画の受け手、民主的なリーダーと民主主義者の架け橋となることである(37)。

こうして大戦中、女性組織をはじめ複数の団体が住宅にかんする意識調査を実施、公表した。規模や手法はまちまちであったが、代表的な調査例には、一九〇〇年創設の、田園都市型のモデル工業村の管理組織で、住宅改革の実践と思想の普及に努めていたボーンヴィル・ヴィレッジ財団 Bournville Village Trust

（バーミンガムの労働者階級七一六一世帯の悉皆訪問調査[38]）、一九二九年創設の、女性参政権運動の系統に属する都市女性ギルド全国連合 National Union of Townswomen's Guilds（二五一支部へのアンケート調査：一万一七五三名を代表する一四六八グループの回答[39]）、一九三二年創設の、オクテイヴィア・ヒルの思想を継承する住宅管理の職能団体であった女性住宅管理者協会 Society of Women Housing Managers（公営住宅入居者二〇七七名へのアンケート調査[40]）、女性組織の連合体で、保健大臣との意見交換機関であった女性住宅審議会 Women's Advisory Housing Council（全国的なアンケート調査：三〇〇〇回答[41]）などによるものがあった[42]。とくに女性組織に共通して見られたのは、健康な家庭生活を保証するための住宅水準の引き上げ、設計・設備の改善などを求める声であった。

なかでも、庶民の住まいや住宅意識にかんする大戦中の最も広範な証言として知られたのが、マス・オブザヴェーションの調査である。その活動の趣旨に賛同するヴォランティアを動員して、戦時の困難な状況のもと、一九四一年から四二年にかけて大規模な聞き取り調査が実施され、「人々の欲求や偏見、恐れや希望といった、理論家の青写真には欠けているものに満ちている」[43]と評された報告『ピープルズ・ホームズ』に結実した。

当時の労働者階級の代表的な住宅様式を網羅するように選ばれた、ロンドンやイングランド南部・中部の一一ヵ所（計一一〇〇世帯）を対象とした調査は、記入アンケートと自由な対話を重視した個別面談を通じて、人々の現在の住居や近隣への評価および改善点を探り、戦後住宅のニーズと潜在的需要 wants を引き出すことを目的としていた（表9）。マス・オブザヴェーションによれば、「リノリウムの床を好む人もい

表9 『ピープルズ・ホームズ』住宅意識調査の主要結果

住宅サンプル	調査地区（報告書中の仮称）	特徴	(1)	(2)			(3)	(4)	(5)	(6)	(7)	(8)			(9)	(10)	(11)	(12)		
				階級構成								浴室の設置状況						住宅選好		
			面談数（計1000）	中流階級（%）	熟練労働者階級（%）	不熟練労働者階級（%）	14歳以下の子供のいる世帯比率（%）	現住宅への愛着度（%）	台所の満足度（%）	庭所有率（%）	庭願望（%）	有り（%）	台所（流し場）に浴槽設置（%）	無し（%）	近隣への満足度（%）	持ち家比率（%）	持ち家願望（%）	集合住宅（%）	バンガロー型の平屋（%）	戸建て住宅（%）
1914年以前の住宅開発	バーミンガム市スメズィック地区（Midtown）	住工混合地区に位置する2階建てのテラスハウス	100	–	14	86	53	67	58	73	93	3	1	96	63	0	7	3	6	n.a.
	ロンドン市フラム地区（Metrotown）	主に大きめの2階建てテラスハウスを分割した複数世帯の共同居住	100	5	52	43	29	66	58	65	79	47	1	52	65	5	18	13	13	64
	ロンドン市イルフォード地区（Subtown）	典型的な熟練職工の郊外住宅地；小さな前庭を備えたテラスハウス	100	–	89	11	50	72	57	100	–	6C	26	14	48	42	46	1	21	70
	ポーツマス市（Seatown）	道路に面して入り口の並んだ質素なテラスハウス	100	–	8	92	35	55	61	100	–	–	–	100	62	10	28	6	25	n.a.
	ウースター市（Churchtown）	老朽化したテラスハウスの街区；屋外に共有の衛生設備	40	–	13	87	59	48	40	50	93	–	–	100	53	5	20	7	8	73
田園都市	ボーンヴィル（Modelville）	緑に囲まれた、庭付き二戸建て・四連のテラスハウス群	100	5	77	18	31	85	66	100	–	79	18	2	89	23	30	2	14	n.a.
	レッチワース（Gardenville）	「最初の田園都市」；前後に庭を備えた二戸建て・四連のテラスハウス	100	6	57	37	60	70	47	100	–	68	26	6	77	2	38	0	16	n.a.
公営の郊外型住宅団地	ベコントリー（Oak Estate）	ロンドン州議会管轄の最大の郊外型団地；短めの庭付きテラスハウス中心	100	1	48	51	68	85	53	100	–	99	1	–	63	0	14	4	16	56
	ローハンプトン（Elm Estate）	ロンドン州議会管轄の中規模団地；短めの庭付きテラスハウスと少数の二戸建て	100	1	70	29	50	86	61	100	–	100	–	–	96	0	29	2	14	n.a.
	ウォトリング（Ash Estate）	ロンドン州議会管轄の4番目の規模の団地；田園の雰囲気を残す	100	–	46	54	54	70	35	100	–	100	–	–	71	0	18	3	18	69
集合住宅団地	ロンドン市フラム地区（Metroflats）	1932年完成のフラム特別区議会管轄の団地；外廊下方式の5階建て、7棟で総個数369戸	100	–	41	59	61	74	67	0	88	100	–	–	59	0	26	22	4	64
	ロンドン市ケンティッシュ・タウン地区（Newflats）	階段室方式の4階建て、5棟で総個数119戸；住宅協会所有、1938年完成	60	–	44	56	57	84	90	0	66	87	13	–	78	0	17	32	60	

注：i）n.a.– 数値不明；ii）（12）列は総計100にならない

出典：Mass-Observation, *An Enquiry into People's Homes* (London: John Murray, 1943) より作成。

れば、これが我慢できない人もいる」ように、「フラットを選択する人もいれば、ウェリン田園都市を望む人もおり」、そもそも「戸建て」対「集合住宅」といった問題設定自体が「根本的に間違っている」のであった。(44)

報告は、大戦中の他の調査結果とも符合する、四つの主要な点を浮き彫りにしていた。すなわち、台所の設備や浴室の有無と高い相関関係にあった現在の住居に対する評価、(45)食事や団欒をはじめ、家庭内の諸機能の分離を可能にする居住空間の確保と間取りの改善への要求、(46)庭に対する強い愛着と願望、(47)住宅の完全な独立性の確保と設備の共有に対する嫌悪と結びついた、家庭内のプライバシーへの執着(48)である。『ピープルズ・ホームズ』はそのうえで、大多数にとっての理想の住宅像が、いまだに基本的設備を備えた郊外の庭付き戸建て住宅であると結論づけていたが、同時に、職住近接のモダンなフラットが評価されていることをつけ加えることも忘れなかった。(49)

五　「住居の設計」小委員会の審議過程

住宅問題に対する社会的関心への対応を迫られた戦時連立政府は、イギリス本土への空襲が一段落した一九四二年春、戦後住宅の設計および住宅地計画の検討を開始することを明らかにした。(50)同年四月、住宅政策を管轄する保健大臣の法定諮問機関である中央住宅審議会の下に設けられたのが、住居の設計にかんする小委員会 Sub-Committee on the Design of Dwellings である。

委員会は、住宅改良に長年携わってきた経験をもつ、イギリス鉄鋼業界の有力者ダドリー卿（3rd Earl of Dudley　一八九四～一九六九）を委員長に、建築家、地方自治体、建築業や住宅産業など住宅問題にかかわりの深い分野から選ばれた専門家と有識者の計二〇名の委員によって構成された。このなかには、女性組織の働きかけもあり、女性住宅審議会幹部二名をはじめ計六名（建築家の二名を含めれば八名）の女性の委員が含まれていた。(54)

一九四二年四月から四四年二月にかけて、計一二回の会合が開かれ、この間、委員会は報告の作成に向けて、地方自治体およびその連合組織、専門家の職能団体や各種の中間団体（とりわけ女性住宅審議会、女性住宅管理者協会などの女性組織）を中心とする七〇余りの外部諸団体から、書面ないし面談を通じて意見聴取を行った。証言のなかには、『ピープルズ・ホームズ』を筆頭に当時実施された各種の住宅意識調査の結果も含まれており、既存の住宅にかんする不満や改善要求、あるいは望ましい住宅のあり方などについて、一般市民の率直な声を伝えていた。一方、とくに専門家の間で関心の高かった住宅とコミュニティをめぐる問題については、新設の都市農村計画省と共同で検討が重ねられた。(55)

委員会の審議経過は、民間の諸活動によって醸成された住宅改革の機運を強く反映するものとなった。当初、委員会に付託されたのは、保健省発行の既存の公営住宅建設マニュアルの再検討という極めて限定的な課題の審議であった。(56)ところが、第一回委員会の席上、この諮問事項を不服とする意見が委員の大勢を占め、議論の結果、「国民全般の住居の設計、計画、配置、建築基準および設備について提言を行う」という修正案が提起され、これを中央住宅審議会が改めて承認するという異例のスタートを切った。(57)

諮問内容をめぐる政府との軋轢はその後もくすぶり続け、報告案の作成に入っていた最終段階に至って、思わぬ形をとって表面化した。戦時の建築コストの高騰を重く見た保健相アーネスト・ブラウンが、固まりつつあった委員会報告にともなうコスト計算と優先順位の設定を求めてきたのである。これに対して、ダドリー卿は、「費用の問題で、委員会の答申が損なわれる」ことに憂慮の念を表明し、委員会内でも、提言内容はすべて堅持すべきであるといった強硬意見も聞かれた。[58] この不協和音の最中、委員の一人、カーディフ市の保健医官のグリーンウッド・ウィルソンは保健相に、次のように書き送っている。

もし委員会の提言が度を越した、あるいは野心的なものとみなされるとすれば、それは各委員が、意識的に、あるいは無意識のうちに、比較的広い諮問事項に感化されたためだと思われます……われわれが、報告の最終案の作成に取り組みつつあるこの段階に至って、その対象を労働者階級向けの住宅に限定せよ、とのご提案には、なんとも「気の滅入る」思いがしました。もしわれわれの提言にいくらかでも意義があるとすれば、それを「労働者階級」に限定すべきではないと思われます。[59]

六　『住居の設計』報告の提言内容

一九四四年七月、二年におよぶ審議を経て、委員会報告『住居の設計』*Design of Dwellings*（議長の名を冠して、ダドリー報告とも呼ばれる）が公表された。[60] 報告は冒頭、「通常、地方自治体によって供給される諸種の恒久住宅」を対象としながらも、同時にその包括的な提言が、広く民間部門の住宅建設をも視野に収めたものであることを謳っていた[61]。

続いて、報告の歴史的位置づけがなされた。一九一八年の『チューダー・ウォルターズ報告』が提唱した住宅水準の画期的な引き上げの意義と、両大戦間期の四〇〇万戸を超える住宅建設の成果を確認するとともに、その間にも、上下水道や電気、ガスの広範な普及にともなって、炊事、洗濯などの家庭内作業の仕方が変わり、以前にも増して労働節約的な設備の整った良質の住宅に対する要求が高まりつつあるとの認識が示された。それゆえ、大戦を契機に、大規模な住宅供給計画が要請されている今こそ、住宅および住環境の問題を再検討して、新しい住宅のあり方を提案することが求められているというのであった[62]。

さらに報告は、その提言に先だって、戦後の住宅供給計画の主体となる地方自治体に対して、地方議会の住宅委員会への女性の積極的な選出と、専門の建築家の登用を呼びかけ[63]、次のように述べた。

往々にして、従来の公営住宅団地に求められたのは、せいぜい「目立たない」ということであった。われわれは今後、地方自治体が積極的に都市と農村の美観に資するよう、心がけて取り組むことを望みたい[64]。

既存の多くの住宅が抱える最大の欠陥は、居住空間の不足から、家庭内の諸機能がうまく分離できず、それが家事の合理化を妨げる要因にもなっていることであった。委員会に寄せられた証言の多くもこうした点を指摘しており、なによりも十分な居住空間の創出と、その合理的な配置のあり方が課題となった。

報告が示した、五人家族のための標準的な三寝室住宅の設計基準は、一階に基本的に二部屋を設けて、食事に関わる行為と、それ以外の日常的団欒の場を確保すること、二階に寝室と、それぞれ独立の浴室と洗面所（水洗トイレ）を設置することを求めていた[65]。

意見聴取の段階でも要望の強かった、家事労働の軽減をはかるという観点から鍵となったのが、一階の台所と食事室およびその他の居住空間との関係や、その配置であった。報告は、住み方の違いに配慮した三種類の住居プランを提案した。

第一のプラン（ダイニング・キッチンタイプ）は、居間 living room を独立させ、食事専用の空間をとる代わりに、広めの、食事もできる台所 kitchen（台所兼食事室）を配した型で、加えて、調理以外の洗濯その他の汚れ作業、掃除用具の収納などの機能を備えた便利室 utility room を別に設けていた（図23）。第二のプラン（専用キッチンタイプ）は、食事用のアルコーブのような小空間の備わった大きめの居間に、炊事洗濯などの家事作業専用の台所 working kitchen を接続した型で、アルコーブと台所

図23　標準的な3寝室住宅の1階部分の間取りプラン (1)：ダイニング・キッチンタイプ

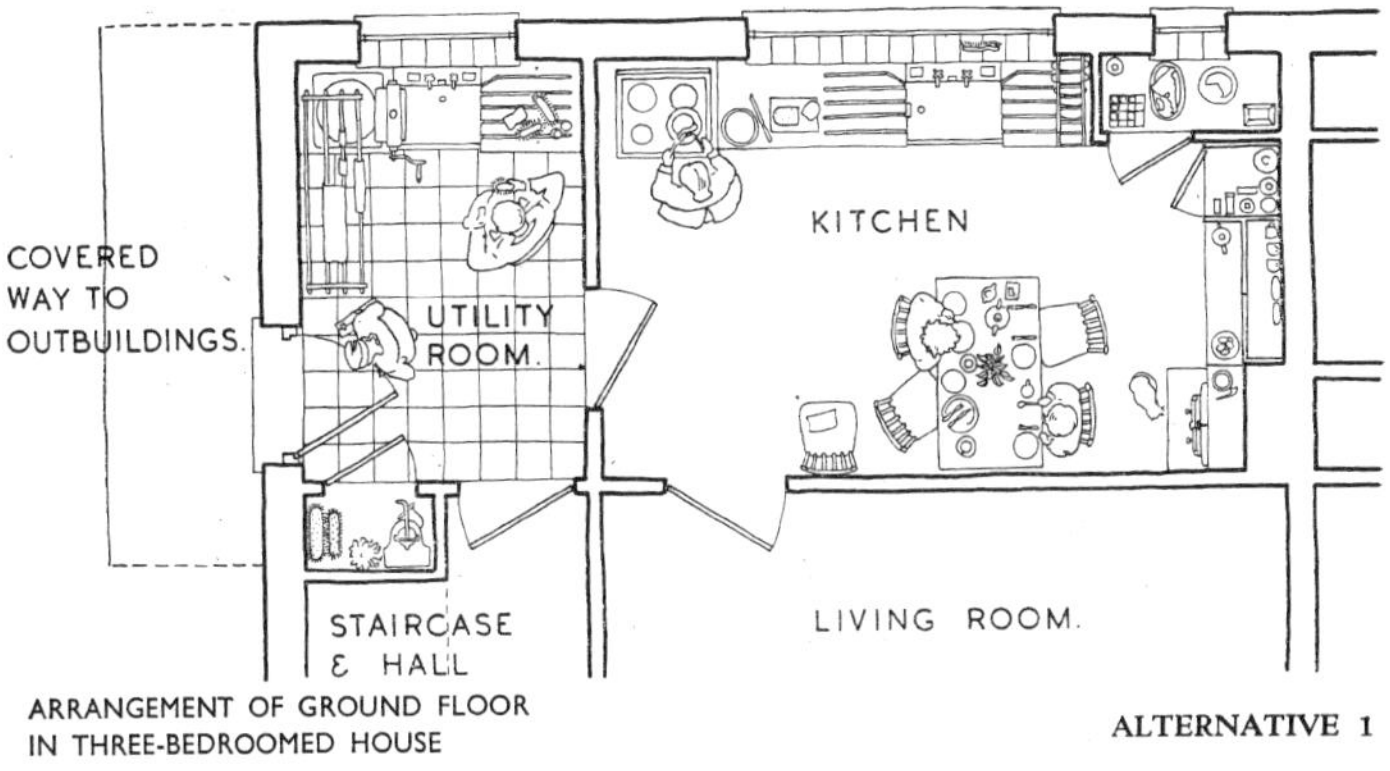

との動線に配慮した機能的な配置が見られた（図24）。いずれも、調理にガスや電気を使うことを前提とした間取りであった。

これに対して第三のプラン（台所兼居間タイプ）は、広めの、伝統的な台所兼居間を中央に配し、これに洗い物専用の流し場scullery と独立の居間 sitting room を隣接させた従来型の配置を示していた。[66] これは、ガスや電気ではなく、引き続き暖炉を調理や暖房のための熱源（石炭使用）として利用する地域の住宅を想定したものであった（図25）[67]。

合理的な住居プランの提唱に加えて、各寝室の収納スペース、給湯能力の向上を含む水回りの改良や各種の台所設備の充実（最低限必要なものとして、両側に水切りを備えた流し、作業台、皿立て、食品貯蔵庫、食器戸棚、掃除用具の収納戸、吊り棚の設置）が明記された。[68] そして、こうした提言を実現するためには、標準的な三寝室住宅の床面積を最低九〇〇平方フィート（約八四平方メートル）に引き上げること（一九三〇年代の公営住宅の平均は七六〇平方フィート）を勧告していた。[69]

委員会のいま一つの課題は、単なる住宅供給を超えて、都市計

図 24　標準的な 3 寝室住宅の 1 階部分の間取りプラン（2）：専用キッチンタイプ

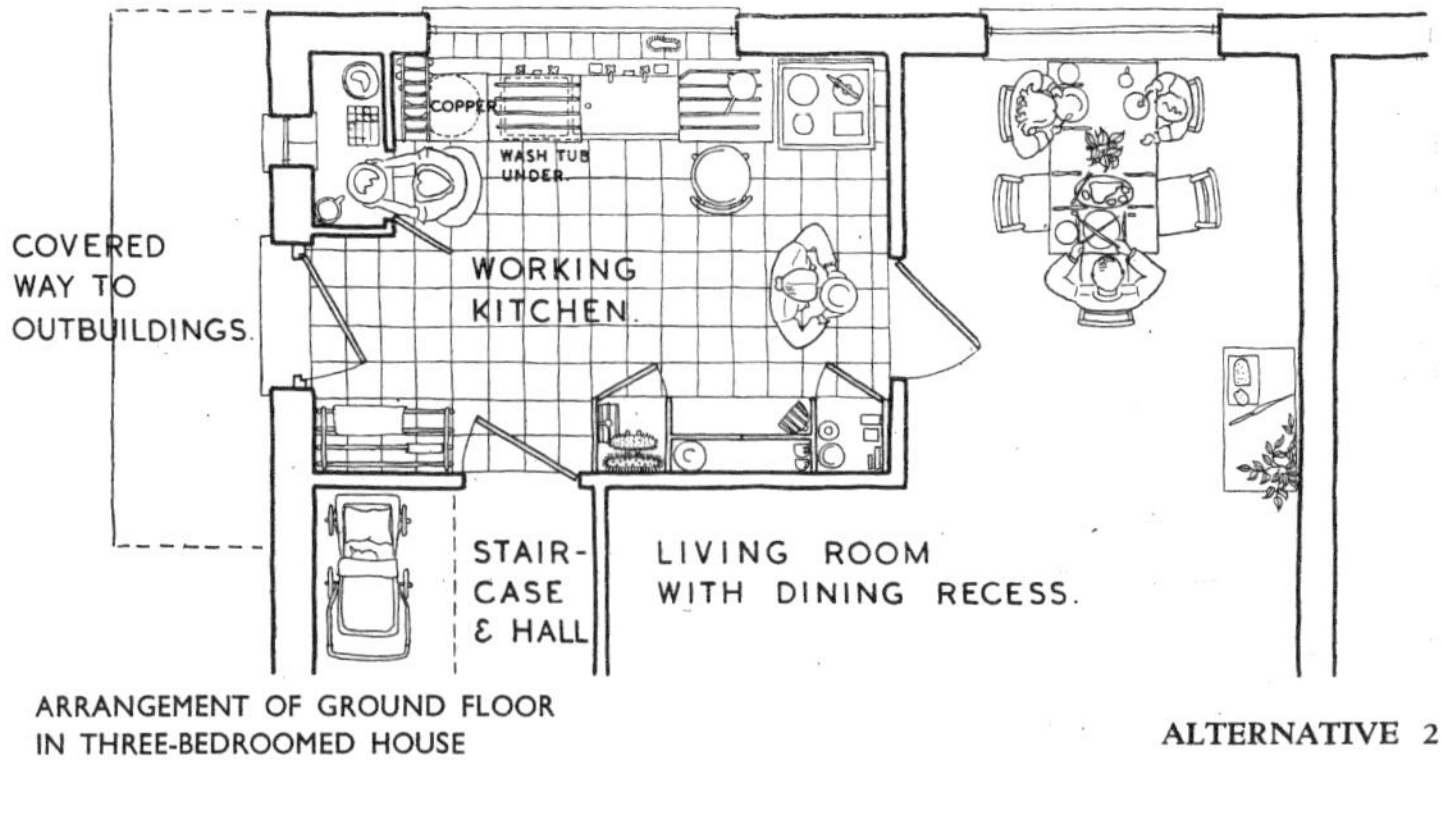

画の視点に立った住宅地開発の指針を提供することであった。背景には、両大戦間期の郊外化にともなって、二戸建てを中心に、専ら家族向きの三寝室住宅が大量に建設されたため、増加傾向にあった少人数世帯や単身者に対応できず、地域社会における世帯・階層構成の歪みを生んでいることへの反省があった[70]。それはまた、郊外型の住宅地開発が、低密度で分散型の平面計画を採用し、公共施設の不備から、地域の核を欠き、住民の帰属意識の欠如をもたらしているという批判と結びついていた[71]。

こうした批判に応えるため、委員会は、他の住宅様式、具体的にはテラスハウスや中高層のフラットを取り上げて検討した。

十九世紀後半に大量に建てられた、二階建ての小規模なテラスハウスは、大戦当時も、労働者階級向き民間賃貸住宅の最もありふれた住宅様式であった。この旧式のテラスハウスには、プライバシーの欠如、生活騒音、勝手口へのアクセスの不備、さらに構造上、側面に開口部がとれないなどと

図25　標準的な3寝室住宅の1階部分の間取りプラン（3）：台所兼居間タイプ

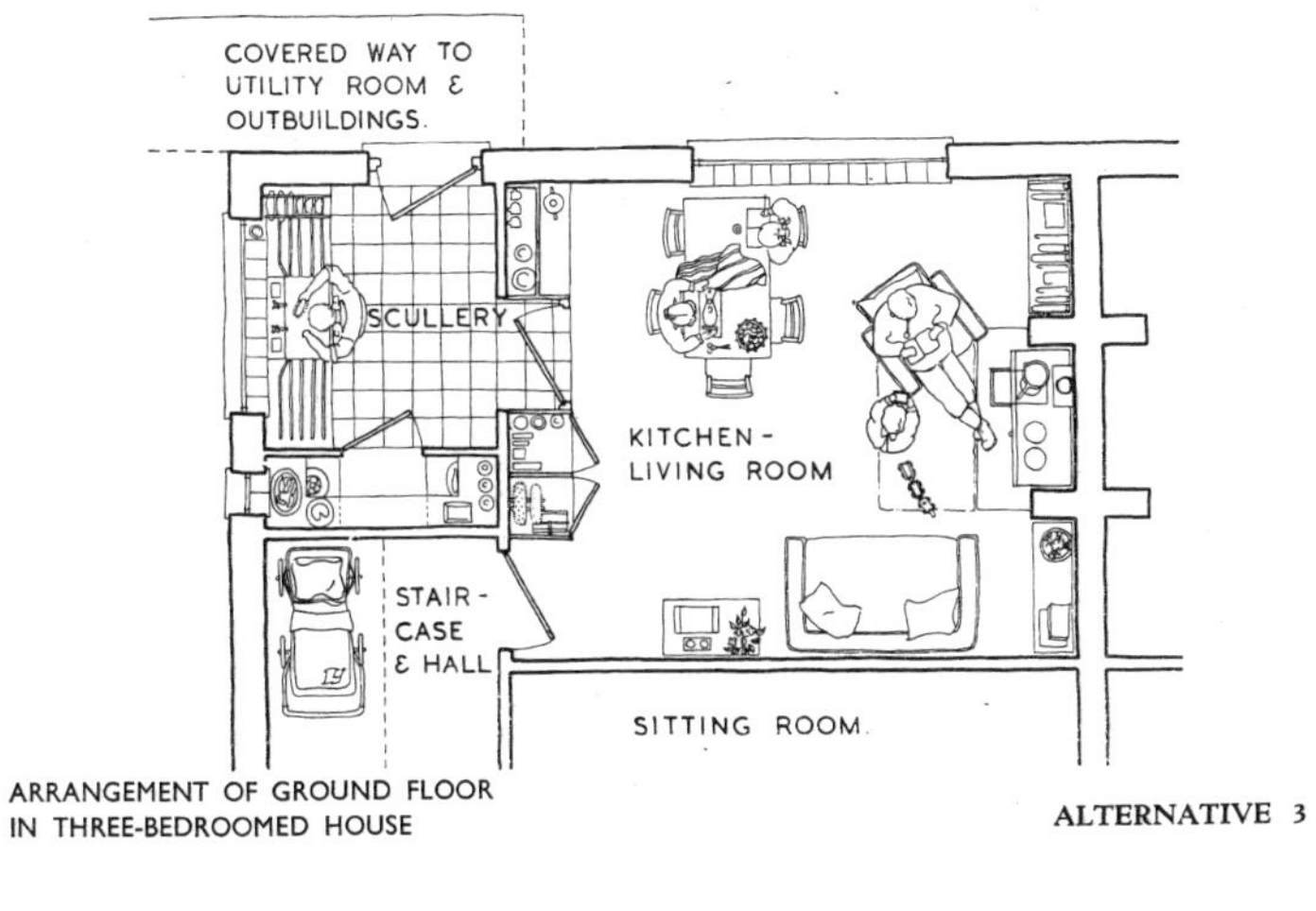

いった難点があった。しかし、防音設備を施し、立地と採光に配慮した設計によって欠陥は十分に克服可能であるとして、報告は、「設計の行き届いた近代的なテラスハウス」を復活させることを提案していた。(72)

当時のイギリスではまだ比較的珍しかった集合住宅の設計は、委員会の詳細な検討の対象となった。(73) エレベーターの欠如、ゴミ処理上の困難、住戸専用の庭の欠如、居住空間の不足、個々の住戸へのアクセスをめぐる問題、洗濯設備や共用施設の不備など、既存のフラットが抱える課題が洗い出され、改善策が審議された。

報告は、四階建て以上のフラットに対するエレベーターの導入、各戸へのダストシュートと、「乳幼児が外気に触れて昼寝ができ、植木箱を置いて、草花を育てることができるような」専用バルコニーの設置を提唱した。また、庭いじりを趣味にする人々に対しては、できる限り近隣に家庭菜園 allotment を確保することが望ましいとした。さらに各住戸の設計においては、床面積の引き上げを含め、報告の基本的提言を守ることを求めていた。(74)

集合住宅の住戸へのアクセスには、建物の外部に廊下を巡らせて各戸にアプローチする「外廊下方式」'balcony access' と、一つの階段室から各階二戸ないし三戸に振り分ける「階段室方式」'separate staircase access' の二つの方式が存在した。外廊下方式は、建築コストの面でより経済的であると同時に、防災の観点からも優れた方法であり、居住者の交流を促す効果もあったが、その反面、プライバシーの欠如、廊下側の居室の採光や騒音の問題を抱えていた。他方、階段室方式は、とくに高層住棟で採用するには費用がかかるが、家族向きに設計された、中層以下の住棟には最適の方式であった。(75)

さらに、様式としてはフラットが住棟の二階分にまたがっているメゾネットは、構造上、一階おきにアクセス通路を設置すればよいので経済的であり、また主な居室を通路の反対側、あるいは通路のない階に設けることによって、戸建てに近い居住性をもちながら、外廊下方式の欠点を回避することができた。報告は、「この重宝な様式の住居」の利点が十分認識されていないと述べ、とくに高密度が要求される市街地の住宅開発に際して、このメゾネット型住居の活用を奨励した(76)。

最後に、洗濯設備については、各住戸にそのためのスペースを設けることを前提にしながらも、むしろ住棟ごと、または団地全体を対象に、乾燥機などを備えた最新式の共同洗濯場の設置を勧めていた。合わせて託児所や文化教育活動のための集会室の必要性も強調された(77)。総じて集合住宅については、各住戸の個別性、居住性を高めるとともに、集住形態を生かした共同性を追求する方向が示された。

こうした検証を踏まえて、報告は、地方自治体に対して、標準的な三寝室住宅を中心に据えながらも、同時に、それぞれ地域のニーズに応じて、規模やタイプの異なる住居の供給を求めていた。例えば、集合住宅は、子どもを持つ家族にはふさわしい住まいとはいえないが、成人のみの世帯や単身者などにも敬遠されるとは限らなかった。したがって、新規の住宅地建設には、家族用の標準的な住宅と、少人数世帯を対象とする中高層の集合住宅をバランスよく供給する、いわゆる混合型の開発 mixed development の手法が提唱されたのである(78)。

さらに報告は、戸建て住宅を前提とする、従来の一エーカーにつき一二戸という田園都市型の開発基準に代えて、中心市街地の再開発地区から郊外の未開発地帯まで、住宅地を段階的に五つのゾーンに区分し、世帯人数に基づく居住密度の基準（一エーカー当たり一二〇人、一〇〇人、七五人、五〇人、三〇人）を、指針として示した[79]。そして、それぞれのゾーンの居住密度やニーズに応じて、多様な住居を供給すると同時に、これらを「コミュニティ・ライフの十全の展開を促し、適切な規模の社会的アメニティの提供を可能にする」近隣住区 neighbourhood unit として開発することを提言していた[80]。

近隣住区とは、各住宅から徒歩圏内の地区センターに、教会、図書館分室、映画館、パブ、行政機関支局、診療所、集会所、商業施設、コミュニティ・センターなどの生活関連諸施設を備えた、人口一万人規模の、小学校区を編成単位とする、自立性の高い住宅地であった。また、住宅の計画的配置[81]に即して、公園、緑地その他のオープン・スペースを確保し、住区内の往来用に歩行者専用路を整備することが望ましいとされた[82]。

以上のように、『住居の設計』は、家事労働の軽減などをはかる合理的な住居プランを提示するとともに、全般的な戦後住宅の質の向上を提言した。また、両大戦間期の住宅地開発の弊害を是正するために、諸々の公共施設を備え、より緊密な平面計画をもつ近隣住区の建設を提唱した。さらにそのために、二戸建て住宅やテラスハウスから、中高層の集合住宅にいたるさまざまな様式の住居を提供して、世帯・階層構成のうえでも調和のとれた住宅地を開発することを求めたのである。

七　報告に対する反響

『住居の設計』は、刊行直後から、各方面で注目を浴びることになった。これは、政府の一審議会の報告としては、異例の事態であった。まず一般紙誌では、『タイムズ』紙が社説で、報告の意義を、次のように論じている。

ダドリー報告の注目すべき主な点は、居住水準の引き上げと住宅設備の改善を提言していることであり、また個々の住宅だけではなく、コミュニティを設計する必要があり、そのためには「一エーカーにつき一二戸以内」という硬直した公式ではなく、より柔軟な基準を適用して住宅地の密度を調節しなければならないことを鋭敏に認識していることである。[83]

労働党系の『デイリー・ヘラルド』紙は、女性団体を中心とする広範囲の意見聴取が、「「主婦の憲章」と呼ぶにふさわしい、創意に富む、影響力の大きい報告を生み出すことに貢献している」と称賛した。[84]さらにリベラル左派の週刊誌『ニューステイツマン・アンド・ネイション』は、報告を「われわれの将来の住まいと住環境を事細かに論じた、魅力にあふれた文書」と位置づけ、近隣住区の提唱を「都市計画にかんする極めて興味深く、かつ重要な小論」と評した。[85]

一方、保守党系の『デイリー・テレグラフ』紙は、報告の具体的内容に触れながら、とくに戦時の建築コストの高騰をとり上げ、提言にみられる住宅改善の試みが家賃に与える影響を危惧すると警鐘を鳴らした。(86)また『エコノミスト』誌は、全体として「魅力的で、賢明な」報告の提言を評価したうえで、真の課題は、提唱された水準の住宅の供給を、地方自治体に促すことにある、と述べていた。(87)

建築をはじめとする専門誌も、報告の提言を歓迎した。例えば、『オフィシャル・アーキテクト』、『アーキテクチュラル・デザイン・アンド・コンストラクション』、『ミューニシパル・ジャーナル』の各誌は、早々と報告の詳細を掲載した。(88)『アーキテクチュラル・デザイン・アンド・コンストラクション』誌は、報告の傑出した点として、「床面積引き上げの必要性の強調」と「主婦に提供される設備機器の質と水準の大幅な改善」の二つを挙げていた。(89)

段階的な居住密度の提唱と、それにともなう集合住宅の位置づけが、論議を呼んだことは確かである。モダニズムの立場を代弁する『アーキテクツ・ジャーナル』誌が、集合住宅にかんする報告の評価が不十分であると不満を表明したのに対して、正反対の立場からはＴＣＰＡのオズボーンが、提案されている居住密度の上限（一エーカー当たり一二〇人）が不当に高く設定されており、これでは中高層住宅の過剰な供給をまねき、主として家族用の三寝室住宅の提供を求める報告の趣旨に反すると批判した。(90)しかし、『アーキテクト・アンド・ビルディング・ニュース』誌がいみじくも指摘したように、総じて「革命的な考えや理論よりは、信頼できる共通項」を導き出したことが、報告の幅広い評価につながっていたのである。(91)

八　住宅政策と政治

ところが、『住居の設計』の提言を盛り込んだ具体的な住宅供給計画の作成は、大戦中は進展しなかった。ここでは最後に、『住居の設計』を当時の政策立案過程のなかに位置づけてみよう。

保健省は開戦当初、疎開者の宿泊先や被災者の収容施設の確保、被災家屋の応急修理などの戦時対応に追われた。戦後の見通しについては、戦争直前の一九三〇年代の経験を下敷きに、民間業者を主体とする住宅建設の復活を中心に据え、公共部門の役割は破壊された公営住宅の再建や未着手分のスラムクリアランスの再開に限定した、控えめな計画が考えられていた(92)。

その後、戦後再建への社会的関心の高まりとともに、省内で本格的な検討が始まり、一九四二年には、戦後一〇年間に約四〇〇万戸（一九一九年から三九年の総建設戸数に相当）供給という長期目標が立てられ、地方自治体の役割の強化や国庫助成の拡大も示唆された(93)。同年末にはベヴァリッジ報告も刊行され、またイギリスにとって戦況も好転したため、一九四三年を境にいよいよ住宅復興策が重要な政治課題に上った。

しかし、住宅政策立案への動きは、同時に住宅問題をめぐる戦時連立政府内部の、保守党と労働党の対立の過程でもあった。保守党は、持ち家制度の奨励を政策に掲げ、民間部門主導による住宅建設の復活を最重要視していた。そのため政府の基本的な役割は、戦争による一時的な不足を補う過渡的措置で足りるという立場であった。これに対して労働党は、住宅水準の全般的向上をはかるために、戦時の統制手法を引き継いで、地方自治体を主体とする良質の賃貸住宅の計画的供給を推進しようとした[94]。

そもそも連立政府とはいえ、庶民院では、保守党が労働党を議席数でおよそ二〇〇ほど上回り、住宅を含めた戦後再建を担当する省庁は、保守党系の大臣に握られていた[95]。このような保守党優位のもとでは、戦時連立政府による住宅政策の審議に、保守党の考え方が色濃く反映するところとなり、労働党の方針は政策立案に十分生かされなかった。こうした事情は、『住居の設計』をめぐる扱いにも波及した。ブラウンを引き継いだ保守党の保健相ヘンリー・ウィリンクが、内閣の了承を取りつけ、『住居の設計』の公表前に、建築コストの高騰を理由とする、新規住宅の床面積の切り下げ（標準的な三寝室住宅で、八〇〇〜九〇〇平方フィート）に踏み切ったのである[96]。

さらに政府内部における両党の確執は、例えば、公営住宅供給と民間住宅建設の比率をめぐる対立や、建設補助金の支給額とその対象範囲にかんする見解の相違として現れた[97]。このため結局、戦時連立政府は、戦争末期になって、応急的な住宅供給策の作成に終始することになった[98]。

『住居の設計』に示された新しい住宅のあり方を実現する作業は、一九四五年七月の総選挙で誕生する労働党政府の手に委ねられた。こうして、自治体主導の計画的な住宅供給策が、戦後イギリス福祉国家の重要な柱として再確立されることになるのである[99]。

九　『住居の設計』報告の意義

第二次大戦期の住宅をめぐる動向を、その検討の場となった民間の諸活動およびこれを総合的に描いた報告『住居の設計』を中心に考察してきた。この時期、市民生活の基盤をなす住宅の復興は社会的関心を集めた。住宅を求める世論の期待に応えて、より具体的な提案をまとめあげるうえで、専門家による社会的な議論の喚起、中間団体による調査や情報提供といった実践がもった意味は確かに大きかった。「住居の設計」小委員会の審議全般にわたって、建築家の専門委員は、膨大な証言の整理と要約、最終的な報告の起草にかかわり、また会合の席上、しばしば議論をリードするなど、主導的な役割を果たした(100)。

同時に、一般市民のニーズや願望に根ざした住宅政策の立案を求めて、中間団体が実施した多岐にわたる住宅意識調査とそれらに基づく提言が、審議の方向性を規定することになった。政府の一審議会の報告が異例なほど大きな社会的反響を呼んだのも、専門家の職能集団や各種中間団体を中心とする民間の諸活動によって、住宅改革にかんする公論が形成され、政府の政策形成を下支えする機能を果たしていたからである。

最後に、イギリス住宅政策史のなかで『住居の設計』がもった意義について考えてみたい(101)。なによりもまず、居住空間の近代化に果たした役割が挙げられる。それは、庶民住宅の慣習を尊重しつつ、十分な居住空間の確保と家庭内の諸機能の分離を可能にするような設計基準を示したことに見られる。

提案された三つの住居プランのうち、第三の台所兼居間のタイプは、十九世紀の条例住宅の間取りを下敷きにしながらも、もう一つの居室を設け、これを旧式の客間parlourではなく、居間sitting roomと呼んで、その日常的利用を促していた。同様に、第一のタイプのダイニング・キッチンは、労働者世帯で強かった食事のできる台所への願望に配慮し、伝統的な台所兼居間から、日常的団欒と調理以外の家事の作業を分離することで創出された近代的な空間であった。

図26　ウォトリング団地の標準的な3寝室住宅の居間の使用例：『ピープルズ・ホームズ』調査員によるスケッチ

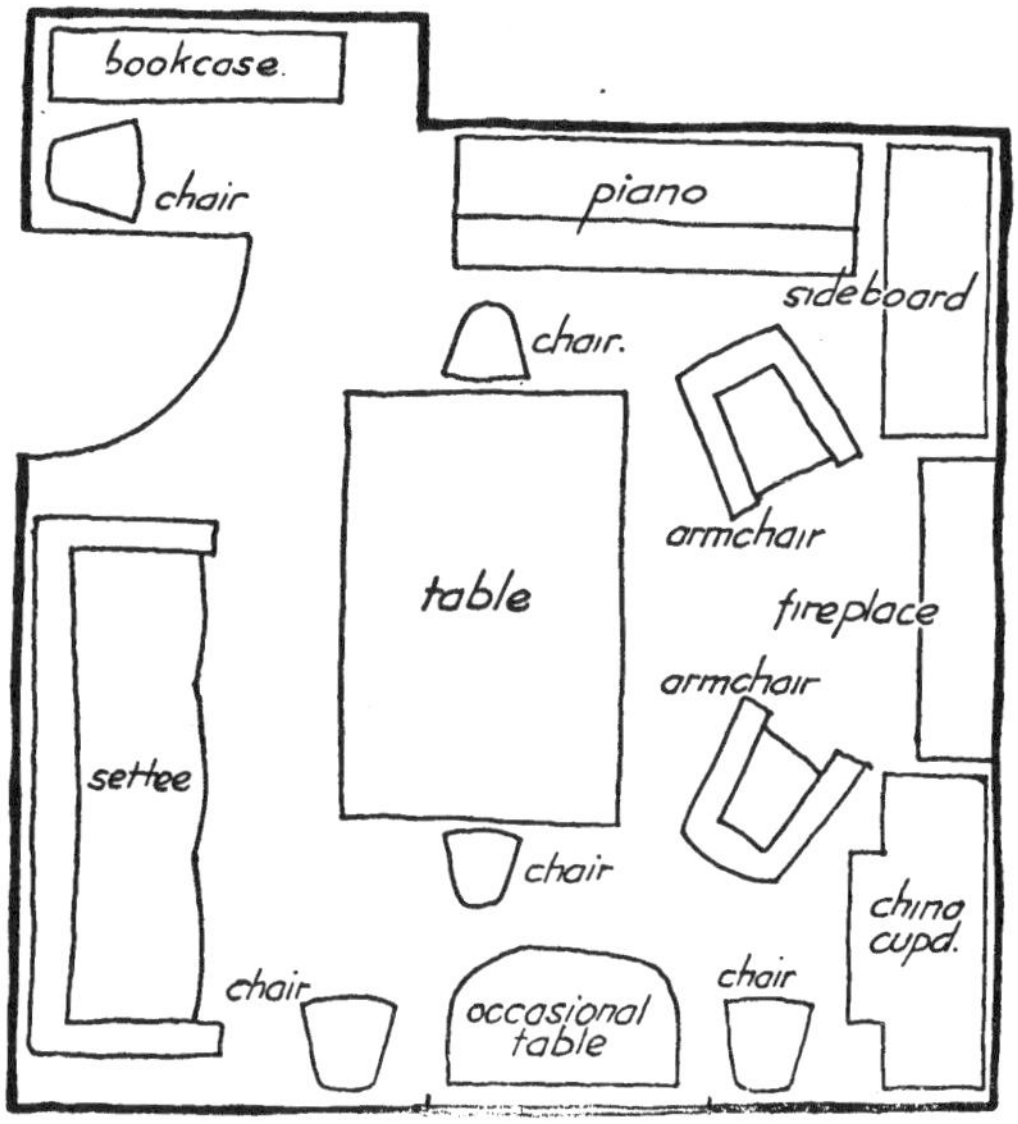

とくにモダニズムの建築家や住宅改革家の間では、諸機能が混在した旧来の台所兼居間が不衛生で、居住空間の近代化の妨げになっているという見方が強かった(102)。そのモダニストたちが、庶民住宅の限られた床面積のなかで、台所と居間の機能を分離し、健全な家庭生活を保障するために好んで用いたのが、食事スペースを含む、広めの、オープンプランの居間に専用キッチンを配した第二のタイプであった。このタイプは、すでに両大戦間期のイギリスでも採用され、第二章で紹介したウォトリング団地でも建てられた

が、概して居住者の評判はよくなかった。というのも、一九一九年のアディソン法以降、公営住宅の床面積は切り下げられる傾向にあり、専用キッチンタイプの唯一の居室である居間に十分な広さが確保できなくなり、家具などを置くと食事と日常的団欒には窮屈な空間となってしまったからである（図26）。

次に、両大戦間期の郊外住宅地の欠陥に応えるために、生活関連諸施設を備え、より緊密な平面計画をもつ近隣住区の建設が提唱された。コミュニティ計画案である近隣住区論は、当時の建築、都市計画の代表的な文献の承認するところであった(103)。また、二戸建てやテラスハウスから中高層のフラットまで、さまざまな規模の住居を提供して、世帯・階層構成上も均衡の取れた住宅地建設をめざす混合開発の手法が奨励され、第二次大戦後、地方自治体の住宅計画

図27　1949年の政府発行『住宅マニュアル』から：『住居の設計』が提唱した近隣住区を盛り込んだ郊外住宅地の計画案

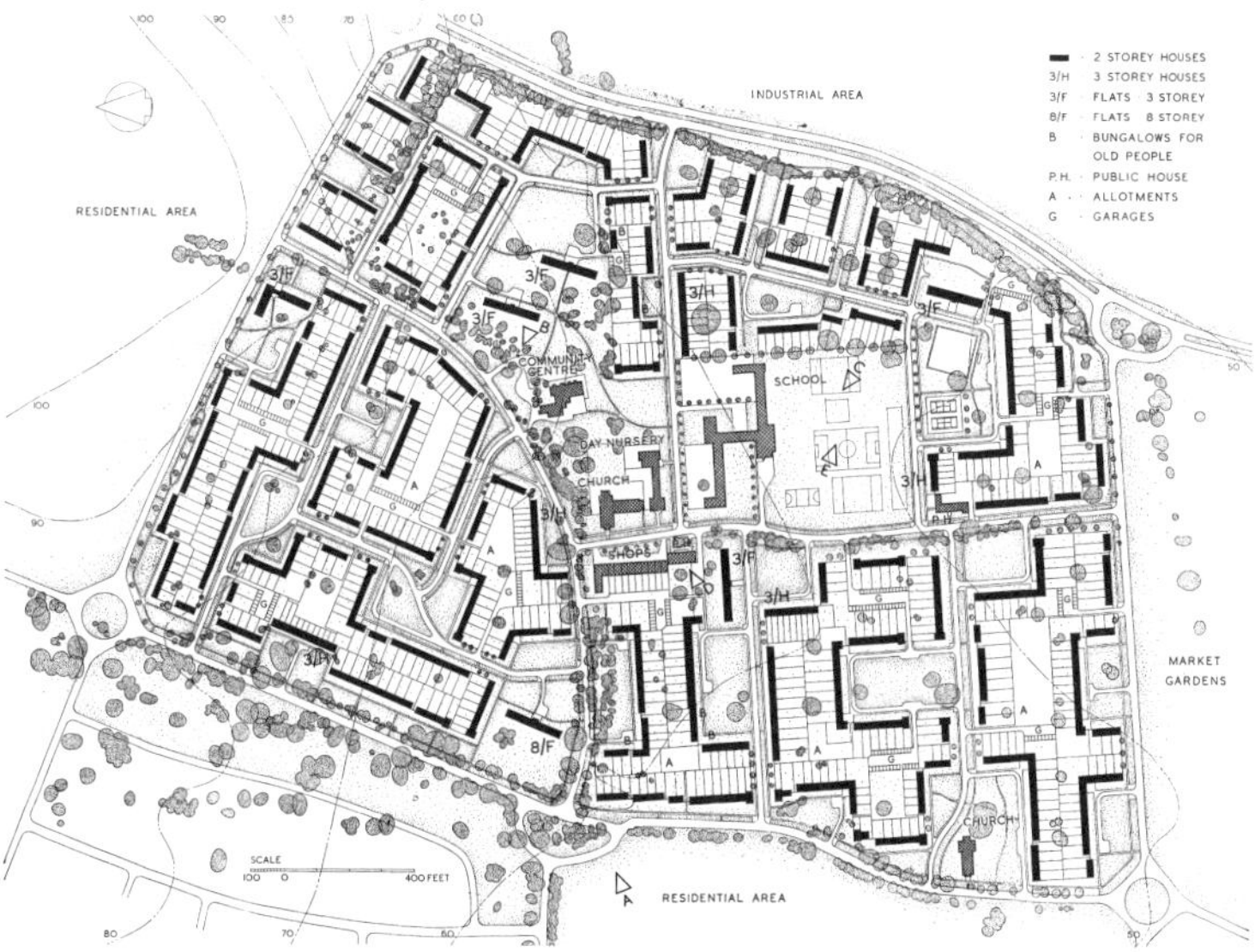

を導く重要な指針となった（図27）。

『ピープルズ・ホームズ』調査は、両大戦間期の郊外型公営住宅団地の居住者の満足度が相対的に高かったこと、また多くの人にとっての理想の住宅像が、郊外の庭付き小住宅であることを示していた。報告は、郊外化を取り上げてその是非を論じることはなかったが、それでも田園都市型の基準が硬直性をまねいているとの認識から、より柔軟な住宅開発を提案したのである。

このように、諮問委員会報告『住居の設計』は、新しい住宅のあり方を示す青写真となったと同時に、両大戦間期イギリスの公営住宅政策の総括でもあった。

終章　公営住宅の到来と郊外化の進展

本書では、両大戦間期を中心に、イギリスにおける公的住宅政策の形成とその展開をたどってきた。ここでは最後に、イギリスの公的住宅政策をめぐる二つの論点、すなわち、公営住宅政策成立の要因と、郊外化の評価についての議論を取り上げて、検討を加えたい。

一　公的住宅政策のイギリス的あり方

まず、第一次世界大戦を境とする公的介入のあり方が、なぜイギリスでは地方自治体による公営賃貸住宅の大量供給という形をとったのか、という点である。この問いは、四つの側面に分けて検討することが有益であるように思われる。

第一に、前世紀転換期から一九一四年にいたる時期の住宅問題をめぐる各党の政策を見ると、自由党はかねてから土地所有の寄生性を攻撃し、地主利害に対する資本と労働の統一を唱えていた。そして一九〇六年からは政府として、土地課税を軸とする、郊外化を通じた住宅問題の解決を模索し、その主要な担い手を今日の非営利住宅組織とも親近性をもつ公益事業組合に期待していた。これに対して保守党は、徐々にその軸足を、民間家主から持ち家所有者の拡大・取り込みによる土地利害の保護に移しつつも、スラム改善のような、公衆衛生上の配慮から実施される限定的な公的住宅供給を容認した。こうした主張は、二十世紀後半に明確になる「不動産所有民主主義」'property-owning democracy' の提唱につながる政策的立場であった。他方、新生の労働党は、民間家主の規制強化と公的助成による良質の賃貸住宅供給を打ち出していた(1)。しかし、第一章でも明らかにしたように、この時点で公営住宅の比重は低く、その量的成果も少なかった。この事実と照らし合わせてみれば、その萌芽があったとはいえ、戦前の論争のなかに、両大戦間期に支配的となる自治体を主体とする公営住宅の大量供給という政策の直接的契機を見出すのはそれほど容易なことではない。

次に、戦前の民間住宅市場の危機の性格については、一方に、地方税納税者でもあった家主層にとって諸コストの増大と住宅価格の低迷が賃貸経営の収益を圧迫して、民間による住宅供給はすでに構造的危機に陥っていたとするアヴナー・オファーなどの主張がある(2)。これに対して、マーティン・ドーントンは、それが市場法則の貫徹を前提とする議論であり、もはや二十世紀初頭のイギリスでは、住宅市場への諸種の規制も存在し、自由市場経済の無制限な作用は認められていなかった点を指摘する。そのうえでドーントンは、戦前の危機が、建築循環とも連動する、戦争によって上昇に転じることを阻止されてしまった、市場の循環的・一時的危機であった可能性を示唆し、逆にむしろ「国民効率」や労働者の福祉を掲げた国家介入が、単なる循環的危機を市場の恒久的な構造へと転化した側面があったのではないかと推測する。(3) 現実には、第一次大戦の勃発と家賃統制の導入によって状況は一変し、戦後の深刻な住宅不足の予測から、より本格的な公的介入が不可欠となる事態が生じたのである。

公的介入政策をめぐる三番目の問題として、一九一五年の家賃統制の導入の含意について考えてみると、これは第一義的に借家人層の集合的な圧力によって達成されたものであり、労働者階級の運動が住宅政策の方向を決定した最初の事例として評価されている。(4) 同時に、この措置は、家主よりも数の多かった借家人層の保護をはかるという、民意に敏感だった当時の政府にとっての現実的政治判断を超えて、イギリスにおける民間家主層の政治的地位およびその支配的イデオロギーと関連していた。

主として小商工業者など下層中産階級の典型的な投資対象であった貸家経営は、事業規模も小さく、各地域に限定される傾向にあり、住宅資本として、産業・金融資本とは別個の存在であった。民間家主層が地方議会の主導権を握ることも可能であったが、十九世紀末にもなると、労働組合評議会などの労働代表の進出や地方の行政機構の確立、さらには中央政府の政策的要求実施の必要性から、その活動の余地は狭められたが、かといって自己の利害を代弁する全国的な政治代表を育成することもできなかった。というのも、イギリスでは産業資本主義の漸進的成長によって、歴然とした大資本と小資本の二極分解が見られず、例えば、ドイツの下層中産階級が前工業化時代のギルドとの連続性を維持していたのとは対照的に、不満を抱えたプチ・ブルジョア階層が依拠しうる産業資本主義以前の伝統的イデオロギーを欠いていたと言われる。「古き腐敗」の独占と特権に対抗する十九世紀前半の急進主義のなかで自己形成した彼らの世界観は、レッセ・フェールと自由貿易をその柱としていた。さらに、営業の自由を掲げて産業集中に反対するそのイデオロギーは、十九世紀末の自治体行政の拡大に対する消極的批判にとどまった。そのため民間家主層は、国家保護を要求する方向には進まず、孤立感を深めていった。家賃統制の導入とその継続は、こうした民間家主層の政策的放棄を意味しており、政府による代替的な住宅供給のあり方の模索を不可避としたのである。(5)

では最後に、なぜフランスやドイツのように、公益事業組合などの非営利住宅組織を通じた間接供給ではなく、地方自治体による公共賃貸住宅の直接供給の手法が採用されたのだろうか。まず、第一次大戦後の大規模な住宅供給計画の実施に際して、全国を網羅し、すでに一定の行政サービスの提供の実績をもっていた自治体が適任であったこと、さらに第一次大戦前から各地域で住宅にかんする要求を掲げていた労働組合評議会や、新生の労働党の圧力を挙げることができる。(6) 実際、十九世紀後半の選挙権の拡大や地方行政の民主化を通じて、労働者階級の地方政治および自治体行政への進出が着実に進み、市電、ガス、水道など自治体所有の公益事業の拡大と相まって、イギリスの都市レベルでは民間と公共の境界線の変更に対する抵抗は相対的に少なかったとされている。(7)

また、近年の階級関係をめぐるイギリス政治文化の議論は、その背景に、国家の階級中立性に対する信頼を底流に、代議制の地方・中央議会こそが労働者の要求実現の正当な機関であるとみなしていたイデオロギーの存在を指摘する。例えば、労働史・社会史家のロス・マキビンは、議会政治が広くイギリス労働者の間でイデオロギー上の正統性を獲得していく過程を描いている。すなわち、十九世紀を通じて徐々に不正・腐敗行為が排除されるにつれ、議会は、人民の代表の教義を根本に据え、さらに厳密な公正の概念に基づいて、次第にその手続きを整えていった。重要な点は、元々支配階級によってつくられたにもかかわらず、人民の自由の殿堂とみなされ、明らかに規則の支配した議会が、政治的にも未熟で、防衛的な労働者階級にとって魅力的な機構となったことである。議会の優位は、もちろん労働者階級の政治にとってある種の制約を意味したが、支配階級もまた、その行動を縛られることになった。議会政治が、労働者階級によって首尾よく領有された colonized と言ってもよいかもしれない(8)。マキビンは、この過程をスポーツの発展になぞらえている。

投票および選挙行動は、議会と同様にゲームの規則を取り込むようになると、より一層イデオロギー上の承認を得ることになった。選挙は、昔から人を興奮させるものであり、実際に議席が争われるようなことがあれば、それは明らかにイギリスの偉大なスポーツの伝統の一部をなすものであった。スポーツから（不十分にせよ）不正行為が排除されるにつれて、議会選挙からも（不十分にせよ）不正行為が排除されるようになり、スポーツと選挙は意識の上でも結びついた活動であり続けた。かくして、全階級にとって情熱の的であったスポーツから借用した比喩的表現――（ヨーロッパのほとんどの言語が取り入れた）「フェア・プレイ」'fair play'，「卑怯な」'below the belt'，「公正を欠いた」'not cricket'，

「クイーンズベリー・ルール」'Queensbury Rules' 等――が、政治の言説に持ち込まれ、規則を破ることはなおさら考えられなくなった。政治のスポーツへの同化は、一面では確かに、単に政治的支配階級の生活様式の帰結にすぎなかったとはいえ、彼らによって積極的に奨励されもした。一九二九年の総選挙では過半数に達した政党がなかったにもかかわらず、政権に居座ることは「スポーツマンらしくない」'unsporting' という理由で、ボールドウィン（保守党党首――引用者）が辞職したのは象徴的であった。このことは、二重の効果をもたらした。すなわち、政治における遊びの要素とゲームの規則を強調することによって、政治行動の範囲は著しく狭められ、規則に反することはすべて、必然的に違法とされた。また規則が（概して）厳密に守られたことによって、代替戦略を考慮する切迫した必要性は、より一層薄れた。[9]

こうして、十九世紀末から二十世紀初めのイギリス政治は、議会の公正な手続きに委ねられ、労働者階級が他の階級に一方的に支配されることはなかったとされるのである。

さらに、この国制に対する支持の根幹にあったのが、グラッドストーンの時代に確立された財政規律に裏打ちされ、一連の改革を通じて形成された財政・租税制度への幅広い信頼である。当時のイギリス社会の資産と所得の偏在に対応し、特定の利害や階級に偏しない、勤労所得よりも不労所得に重い税体系は、政府の効率性と課税に対する諸階級の同意を醸成することに成功し、第一次大戦までに、ドイツやフランスと比較して優れた歳入調達力をイギリスの国家財政にもたらしていた。[10] 例えばドイツでは、労働組合や政治団体を基盤とする独立の住宅組織も設立されたが、イギリスの労働党は独自の住宅供給機関を設立するよりも、進んで政府にその役割を求めたのである。(11) 自治体による公営住宅の直接供給という展開には、公正な議会のイデオロギーに支えられた国制への信頼と、そのもとでの労働党の成長という政治文化のあり方が深くかかわっていた。

このようにして、両大戦間期に成立するイギリスの公営住宅政策に、保守・労働の二大政党の政策の違いから振幅が生じた点は、第二章で指摘した通りである。と同時に、政党間の対立もさることながら、当時、新時代の要請として浮上した住宅問題の解決に対して、政党内の政策形成の仕組みがいまだ整っていなかったため、個々の政治家や支持団体の意向を反映した政策が模索され、両党とも決して一枚岩ではなかった。

労働党の場合、それは初期に影響力をもっていた建築業労働者を中心とするギルド社会主義の自主管理の思想が、次第に建築や都市計画の専門家の関与によって、モダニズムや建築の工業化を軸とする住宅問題のアプローチに取って代わられる過程であった。また保守党も、例えば、十九世紀後半のバーミンガムにおける市制改革（ガス・水道の市営化や不良住宅の改良）の伝統を引き継いだネヴィル・チェンバレンを擁し、ある面では自治体による公営住宅の供給を推進し、また新工法による住宅生産の試みを後押しするなど、持ち家一辺倒ではなかった。マキビンは、両大戦間期のイギリスにおいて、マスメディアなどによる条件づけを通じて、労働党が組織労働者と分かちがたく結びつけられて、社会の部分的利害の代弁者として見られ、「公衆」の埒外に置かれたことが、保守党支配のイデオロギー的基盤であったと主張するが、ケヴィン・モーガンは、住宅の分野でも、むしろ保守党のほうが各階層の消費者としての利害に応えることによってその支持をつなぎとめたことを示唆するのである。(12)

二　郊外化をめぐる議論

第一章と第二章の叙述からも明らかなように、イギリス（正確にはイングランドとウェールズ）では、十九世紀後半以降、労働者階級も巻き込んだ郊外化が進行し、住宅改革の主要な潮流を構成した。にもかかわらず、従来、その評価は決して肯定的なものではなかった。もちろん、十九世紀末の田園都市の提唱に始まり、第二次大戦後のニュータウン開発にいたるイギリス都市計画の特徴的な系譜はよく知られており、今日、その影響は諸外国に及んでいる。ところが、より広い意味の郊外化、郊外居住の進展を見る眼が冷ややかであったことも、また否めない事実である。両大戦間期の郊外型公営住宅団地も、その例外ではなかった。これは、イギリスの知識人、建築家、研究者らの価値体系や生活様式に基づく批判に負うところが大きかった。

まず、イギリスの文芸思潮に見られる、郊外および郊外居住者に対する「途方もない見下し」が挙げられる。根底にあるのは、オルテガ・イ・ガセット流の大衆社会批判、つまり、社会の民主化や一般大衆の政治参加がもたらすとされた文明の喪失への貴族主義的抵抗である。

とくにイギリスの場合、それは、社会のヒエラルキー構造のなかで微妙な位置づけを与えられ、それゆえ、体面の維持に汲々とするその姿が格好の標的となった、下層中流階級の生活と文化に対する揶揄や嘲りとなった(13)。両大戦間期のよく知られた例としては、保険外交員の主人公の住む郊外住宅地を監獄にたとえたジョージ・オーウェルの小説『空気をもとめて』(一九三九年)があるが(14)、凡庸な人々が退屈な生活を送る場としての郊外という表象は、形を変え、階級文化の屈折を受けながら第二次大戦後のイギリス大衆文化のなかに引き継がれ、例えば、次のような心情吐露にもつながった。

郊外生まれであることがどんな意味を持つのかわかる年齢になって以来、ぼくはずっと、どこか違う場所で生まれたらよかったのにと思ってきた。ノース・ロンドンなら最高だった。できるだけ多くのHを落としてしゃべったし――唯一のぼくの語法に残っていたHは、くしゃくしゃになって定冠詞の奥底に埋もれてしまった――三人称単数の主語にも動詞の原形を使った(15)。

郊外は、無計画・無秩序な住宅地の展開が都市のスプロールと自然の破壊をまねき、また分散型の住宅配置が都市の景観形成に資するような建築上の処理を不可能にしていることなどから、建築家や都市計画関係者の間でも評判が悪かった。一九三〇年代には、イングランド農村保全評議会などの自然保護団体の働きかけもあり、ロンドンの外延的拡大を抑制するためのグリーンベルトの指定や帯状開発の規制の動きが始まっていた(16)。同時期以降、とりわけ建築のモダニズムがイギリスでも影響力をもつようになると、田園都市を含めた郊外型の宅地開発が、反都市的であるとして批判の対象となった(17)。第二次大戦後ロンドンの中心部戦災復興再開発事業の成果として名高いバービカン集合住宅・芸術センター・コンプレックスの設計者、チェンバレン・パウエル・ボンの三人の建築家ユニットはモダニズムの立場を高らかに宣言していた。

われわれは、低密度で単調、肥沃な農村の損失を意味し、道路や縁石、歩道や植え込みが際限なく続く田園都市の伝統を嫌悪すべきものと考える。われわれが求めるのは、真の都市と真の農村との強烈なコントラストである。(18)

郊外の社会学的批判では、居住者の均質な世帯・階層構成、画一的な生活文化、またそうした属性がもたらすとされた保守的あるいは体制順応志向が俎上に載せられた。とくに両大戦間期に増殖した、労働者階級のための郊外型公営住宅団地は、地域への帰属意識やコミュニティを欠いた単一階級の集住地と見られ、問題視された。(19) 例えば、ウォトリング団地を調査したデュラントは、設立当初の逆境が、住民間の交流や団結を促し、居住者組織の設立と施設整備につながったが、その後、住宅地として安定すると、私生活が重視され、担い手となる人材が不足しているためにコミュニティとしての公的な活動が停滞してしまったと判断し、否定的な意味合いも込めて、ウォトリングを「現代イングランドの断片」と評した。(20) こうした見方が支配的だったからこそ、中流階級の社会改良的立場からのコミュニティ組織の創出などの試みもなされたのである。(21)

両大戦間期に起源をもつ公的住宅政策を批判し、イギリスにおける都市コミュニティ論の古典となったのが、一九五〇年代のマイケル・ヤングとピーター・ウィルモットによるロンドンの労働者地区ベスナルグリーンの調査である。彼らは、聞き取りに基づいて、母親と既婚の娘の間に見られた強い紐帯を軸とする血縁・地縁関係の存在を明らかにし、これをベスナルグリーンから郊外の公営団地に移住した家族の閉鎖的な、私生活主義と対比することによって、大衆的な郊外化の是非を問うとともに、伝統的な労働者コミュニティの解体をもたらしかねない当時の住宅政策のあり方に警鐘を鳴らしていた。(22)

研究者も、こうした郊外化の否定的評価から自由ではなかったが、(23)一九八〇年代以降、それまで比較的等閑視されていた郊外化の歩みに、多面的に光を当てる試みが見られるようになる。(24)再評価を促した一因として、大都市の自治体が一九五〇年代以降、中心部再開発の手法として多用した中高層の集合住宅への居住者の反発に象徴される、建築のモダニズムへの幻滅があった。

さらに、建築史家マーク・スウェナトンは、個人的述懐も交えてその背景に触れている。すなわち、一九七〇年代後半、左派の研究者たちは、深刻な経済危機にもかかわらず、イギリスの資本主義社会が崩壊しないのは、住宅のイデオロギーが深くかかわっているからではないかとの問題意識を共有するようになり、その基礎が築かれた両大戦間期の住宅政策と持ち家の拡大、そして郊外化のテーマに行き着いたという。(25)このような視角は、彼自身の、第一次大戦直後の住宅政策の分析にも生かされることになったが、(26)その後、郊外化の歴史研究は、住宅のイデオロギー批判を超えて、住宅政策や都市計画との関連、また当事者への聞き取りを含む郊外居住者の生活経験の検討など、実態の解明へと進んでいった。今日、過去一〇〇年の居住や住生活の近代化の歩みを、「郊外の世紀」と総括する研究も著されている。(27)

両大戦間期についても、公営住宅団地を中心に、当時の郊外移住者の証言や、オーラル・インタヴューを活用した研究成果がいくつか公表されており、良好な住環境、居住者の高い満足度、多様で活発なコミュニティの存在など、より肯定的な郊外の姿が描き出されている。[28]

近年、イギリスにおける郊外化の再評価を推し進めているのが、マーク・クラプソンである。彼は、社会史と都市計画史を融合した独創的な手法を駆使し、さらに都市社会学などの知見も動員して、計画的なニュータウン開発を含めた、郊外化の歴史を積極的に捉え直す一連の研究を公刊している。[29] クラプソンの研究は、労働者階級を含めた、自発的な郊外化の重要性、移住者による多岐にわたるコミュニティ活動の展開、マイノリティ諸集団にも見られる強い郊外化への志向と、それによる郊外居住の多様性と広がりなどを強調している。また、郊外化を反都市主義であるとする識者やエリートによる批判の系譜に対する反論として、大多数のイギリス市民は、労働、文化・価値創造の源泉としての都市とかかわりを保持しながらも、より快適な生活の場を郊外に求めたと主張する。[30] 他方、近年のエッジ・シティの議論を裏付けるように、経済的基盤を備えた自立した地域としての郊外の成長などを明らかにしている。[31] クラプソンは、主要な考察対象を第二次大戦後に置いているが、同時に両大戦間期を、官民の活動によってイギリスにおける大衆的郊外化の基礎が築かれた重要な時期として位置づけている。

最後に、こうした郊外化の研究の進展を背景に二〇〇四年四月には、ロンドンの南西郊外に立地するキングストン大学に、郊外をめぐる諸問題を学際的に検討するための教育・研究機関、キングストン大学郊外研究センター Centre for Suburban Studies, Kingston University が設立された。[32]

三　結びにかえて

イギリスでは、第一次大戦を契機として、住宅市場への本格的な公的介入が始まった。政治的には、公的介入の強化を掲げる労働党と、民間住宅市場の復活を唱える保守党の主張は基本的に対立しており、これ以降、その時々の政権政党の立場を反映した政策の追求によるぶれが生じた。一九三〇年代には、保守党支配のもと、公共部門の役割をスラムクリアランスに限定しながら、個人の住宅取得を目的とする民間の住宅建設が奨励され、中流階級を中心とする住宅ブームを招くとともに、その後の大衆的な郊外化の基礎が築かれた。

重要な点は、保守党が次第に民間賃貸よりも、持ち家所有に照準を定めるようになったことである。そもそもイギリスでは、多数の小規模家主層が、住宅資本として孤立し、自己の利害を擁護するための政治代表を育成できなかった。それゆえ家賃統制とその継続は、いわば民間家主層の放棄を意味し、この点にかんしては、保守・労働の両党とも利害が一致していたのである。一九三九年には、いまだ人口の過半数は民間の賃貸住宅に暮らしていたが、もはやイギリスにおける民間賃貸部門の長期衰退傾向は疑うべくもなかった。

一方、公的住宅供給の分野では、フランスやドイツ、あるいは第一次大戦前のイギリスでも見られたように非営利住宅組織を活用する方向ではなく、自治体による公営住宅の大量供給の道が選択された。公営住宅政策の成立には、公正な議会のイデオロギーに支えられた国制への信頼と、そのもとでの労働党の台頭という政治文化のあり方が深くかかわっていたのである。

こうして両大戦間期を通じて、公営住宅と持ち家の拡大が共存する二重の住宅市場が形成され、住宅政策における保守・労働党の混合体制が確立した。さらに、協同の精神は受け継がれなかったとはいえ、田園都市運動の興隆を背景に、戦前の自由党が推進しようとした田園郊外型の郊外住宅が主流となった。(33)

イギリスでは、多くの人々にとって、田園都市運動を包摂した郊外化が、住環境改善のための主要な道筋を指し示していたのである。公営住宅の到来はまた、郊外型住宅団地の誕生を意味していた。また、一九三〇年代の民間住宅ブームが示唆しているように、多くの労働者世帯も郊外に持ち家を求めていた。住宅研究のマルパスも述べているように、イギリスの住宅政策には早い時期から持ち家所有の民間市場を取り込んだ「福祉の複合体」が成立していたということができるのではないだろうか。

その後、第二次大戦を経て、ベヴァリッジ報告に基づく戦後イギリス福祉国家体制のもとで、住宅は社会政策の重要な柱となり、自治体主体の計画的な住宅供給策が実施され、スラムクリアランスも再開された。他方、戦後の生活水準の向上は、住宅ローン利息の税控除による持ち家促進策の導入と相まって、持ち家所有の一層の拡大をもたらした。

住宅をめぐるこの基本的構図は一九七〇年代まで続いたが、序章でも触れたように、一九八〇年代以降、住宅供給のさらなる市場化が進む一方、非営利住宅組織を中心とする公的住宅政策の新たな模索が見られる。今日、イギリス特有の公営住宅制度はその歴史的使命を終えたとする声が聞かれ、イギリスの住宅政

策はヨーロッパとの類似性を強めているとも言われる所以である。(34)

こうした展開は、イギリスが二十世紀に民間賃貸の社会から持ち家主体の社会に転換したという大きな違いはあるが、ドーントンが指摘するように、十九世紀末から第一次大戦にかけての住宅政策をめぐる状況との相似性を想起させる。(35)歴史が一巡し、公営住宅の確実性は失われ、イギリスは奇しくも一世紀を隔てて同じように住宅政策の岐路に逢着したのである。

近年、社会福祉の一環としての、良質かつ低廉な公的住宅に対する要求はむしろ強まっている。また住宅市場の二極化が進行したために、さまざまな事情から、その狭間で望ましい住宅を確保できない人も多い。両大戦間期を起点とする公的介入政策の歴史を、国際比較の視点も踏まえて、より深く検証するという作業は、今後のイギリス住宅政策の行方を展望するためにも欠かせない課題の一つであるように思われる。

あとがき

本書のキーワードは、公営住宅と郊外化である。イギリス社会政策にかんする歴史研究のテーマとして住宅を取り上げ、勉強を続けるなかで、イギリスの公営住宅制度が国際的に見るとむしろ例外的であることに気づかされ、その成立の経緯を自分なりに理解したいと思ったことが、そもそものきっかけだった。また、その過程で、イギリス住宅（政策）史にも深く刻み込まれた郊外化の再評価の潮流に出会ったことも大きかった。

本書は、次のような論考をもとに、加筆修正を施し、再構成したものである。

「第二次世界大戦期イギリスにおける戦後再建と住宅問題―報告『住居の設計』（一九四四）をめぐって―」『中京大学経済学論叢』九号（一九九七年一一月）

「大戦間期イギリスの住宅改革と公的介入政策―郊外化の進展と公営住宅の到来―」『中京大学経済学論叢』一八号（二〇〇七年三月）

「民主的計画化と公共圏―第二次世界大戦期の住宅改革と中間団体―」大野誠編『近代イギリスと公共圏』

（昭和堂、二〇〇九）所収

これまでいくつかの研究会、学会で、本書の内容を報告する機会を得た。その折々に、多くの方々に貴重な意見や有益な批判を頂戴した。ここに記して感謝したい。

今日まで、多くの方々にご指導、ご鞭撻、励ましをいただいた。

まず、イギリスの歴史研究に導いてくださった松村高夫先生の学恩に感謝しなければならない。先生には、イギリス労働史の基礎から手ほどきをいただき、一次史料に基づく実証研究の重要性、研究者としての思想的立脚点を堅持する姿勢の大切さを教えられた。また、松村門下の先輩・後輩諸氏とのつながりは、大きな財産となっている。

次に、留学先のウォーリック大学社会史研究所で、長期間にわたって面倒をみていただいたトニー・メイソン先生とニック・ティラッツー先生に感謝の意を表したい。とりわけティラッツー先生の忍耐強い指導と励ましがなければ、学位論文の執筆は覚束なかっただろう。ウォーリック同窓のマーク・クラプソン氏とは、現在も研究交流を続ける仲である。

これまで、住宅の比較史を主要なテーマとする二つの研究会に参加する機会に恵まれた。成城大学の大森弘喜先生と学習院大学の中野隆生先生に、深く感謝申しあげたい。それぞれの研究会で、ヨーロッパ大陸諸国の都市と住宅について多くのことを学び、刺激を受けてきた。名古屋近代イギリス研究会は、参加のたびに、イギリス史の諸分野の新たな知見が得られる、貴重な勉強の場である。

本学経済学部スタッフにも感謝したい。マイペースで自分の研究が進められる学部のリベラルな気風に大いに助けられている。

最後に、本書の出版に際しては、勁草書房編集部の関戸詳子氏にたいへんお世話になった。つねに冷静沈着、前向きな対応と丁寧な仕事にお礼申しあげたい。

二〇一三年三月一日

椿　建也

事項索引

あ 行

『アーキテクチュラル・デザイン・アンド・コンストラクション』 88
『アーキテクツ・ジャーナル』 88
『アーキテクト・アンド・ビルディング・ニュース』 88
「イギリスのための計画」 65, 69, 72
イースト・エンド住宅会社 17
1エーカーにつき12戸 24, 34, 69, 85, 87
居間 81, 82, 92, 93, *xl*
イーリング住宅協同組合 25
イングランド農村保全評議会 68, 103, *xxxv*
イングランドとウェールズ vi, 7, 11, 13, 15, 29, 38, 40, 42, 54, 102, *xxv*
ウェリン 77, *xxxviii*
ウォトリング団地 42-53, 76, 92, 104
「英雄たちにふさわしい住まいを」 34
『エコノミスト』 88
エッジ・シティ 106
王立建築家協会 70, 73, *xlii*
帯状開発 42, 103
オープン・スペース 22, 67, 86, *xliii*

か 行

外延的拡大 22, 42, 103
階層構成 49, 58, 59, 83, 86, 93, 104
階段室方式 84
改良産業住宅会社 17
貸家経営 10, 97, *xvii*
ガス 13, 72, 80, 82, 98, 101, *xviii*
下層中産階級 10, 97, *xvii*, *xxi*, *xlv*
下層中流階級 22, 26, 38, 41, 58, 103, *xvii*
過密居住 8, 14-16, 40, 44, 49, 55, 65, *xxvii*
議会政治 99-100
ギネス・トラスト 17
客間 13, 34, 47, 92, *xl*, *xlv*
共同居住 8, 16, *xxvii*
共同洗濯場 85, *xviii*
居住空間 70, 77, 80-82, 84, 91-93
居住者組織 53, 104
居住密度 69, 70, 72, 86, 88, *xlii*
近隣郊外 22
近隣住区 86, 87, 93, *xlii*
グラスゴー 8, 20, 29, 31, *xx*
グリーンベルト 103
クルデサック 46
グレーター・ロンドン 7

計画化　64, 66, 73
『計画化と再建』　66
建設コスト　35, 36, 38
建設戸数　37-39, 54-55, 89
建設助成金　3, 20, 34
建築家　13, 23, 67-70, 78, 80, 91, 92, 102-104, *xxvii, xxxv, xli*
建築循環　28, 97
建築条例　11, 28
公営住宅　vi, 4, 31, 36, 40, 43, 53, 54, 56, 59, 61, 75, 82, 89, 90, 93, 95, 96, 101, 107-109, *xvi, xxiv, xxvi, xxxi, xli, xlv, xlvii, li*
公営住宅政策　vi, 5, 20, 33, 40, 43, 53, 54, 56, 94, 95, 101, 107
公営住宅制度　v, 5, 63, 108
公営賃貸住宅　3, 34, 95
公益事業組合　27, 31, 35, 36, 96, 98, *xlvi*
郊外化　vi, 5, 7, 21-23, 26, 33, 40, 42, 43, 57, 69, 83, 94-96, 102, 105-108, *xv, xlvi, xlix, l-li*
郊外型公営住宅団地　43, 45, 94, 102, 104, *xii*
郊外型住宅団地　33, 44, 58, 108
郊外型住宅地　26, 31, 68
郊外居住　vi, 102, 105, 106
郊外住宅　58, 61, 108
郊外住宅地　22, 24, 42, 52, 93, 103, *xlii, xlix*
郊外団地　44, 52, 58
公共事業融資局　17
公共賃貸部門　2
公衆衛生法　3, 10, 11, 16
公的住宅政策　v, vi, 3-5, 7, 21, 24, 27, 31, 33, 34, 53, 54, 95, 104, 108, *xlvi*
国制　100-101, 108
戸建て住宅　47, 68, 69, 72, 77, 85
コート　9
「5%の博愛主義」　16
コミュニティ　23, 59, 68, 74, 78, 86, 87, 93, 104-106, *xix, xlii*
コミュニティ・センター　53, 86
コンセンサス　62, *xxxi-xxxii, xliv*

さ　行

産業および節約組合法（1893 年）　27
産業人口の配置にかんする王立委員会　66
三寝室住宅　34, 36, 38, 41, 47, 59, 81-83, 85, 88, 90
残余化　54
市場化　4, 108
市政改革党　43
慈善住宅トラスト　17, 36, *xlvi*
社会住宅　3, 4
借家人層　97
住居管理　19
『住居の設計』　5, 63, 79-86, 87, 89-91, 94

「住居の設計」小委員会　77-79, 91
集合住宅　vi, 8, 17, 29, 39, 44, 59, 70, 72, 77, 84-86, 88, 103, 105, *xxvii*, *xli*, *xlvi*
住宅改革　v, 4, 5, 7, 17, 21, 23, 26, 31, 40, 74, 78, 91, 102, *xxiv*, *xxv*
住宅改革家　13, 38, 68, 92
住宅価格　96
住宅協会　v, 3, 4, *xv*, *xxxviii*, *xlvi*, *xlvii*
住宅供給計画　34, 36, 38, 80, 89, 98
住宅協同組合　24-27, 31, *xlvi*
住宅組合　11, 41, *xvii*, *xxviii*
住宅建設　3, 20, 26-30, 34-36, 38, 40, 42, 54, 56, 64, 78, 80, 89, 90, 107, *xxv*, *xlvi*
住宅ストック　2, 21, 54, 61
住宅団地　46, 58, 61, 80, 102, 104, 105, *xxvii*, *xli*, *xlii*
住宅不足　14, 27, 31, 33, 36, 54, 97, *xlvi*
住宅不動産　10
住宅保有形態　4
『住宅マニュアル』(1919年)　34, 35
『住宅マニュアル』(1949年)　93
住宅立法
　労働者階級住宅法（シャフツベリー法　1851年）　20, *xx*
　職工住宅法（トレンズ法　1868年）　19, 20
　職工住宅改良法（クロス法　1875年）　19-20
　労働者階級住宅法（1890年）　3, 20, *xx*
　住宅・都市計画法（1909年）　27, *xxiii*
　家賃・抵当利子の引き上げ（戦時制限）法（1915年）　31, 97
　住宅・都市計画法（アディソン法　1919年）　34, 56, 93
　家賃および抵当利子引き上げ（制限）法（1919年）　36
　住宅法（チェンバレン法　1923年）　37
　住宅（財政供与）法　（ウィートリー法　1924年）　38, 45
　住宅法（グリーンウッド法　1930年）　39
　住宅（財政供与）法（1933年）　39-40
　家賃統制法（1933年）　37
　住宅法（1935年）　40
住宅ローン　11, 52, 108
自由党　34, 65, 96, 108, *xxv*, *xxxvii*
自由党政府　27, 28
熟練労働者　49, 52, 58
首都特別区　43, *xvi*
小規模世帯　59, 70
上下水道　80
小商工業者　10, 97
条例住宅　11, 13, 22, 24, 34, 92, *xviii*, *xli*
職住近接　23, 24, 68, 77
女性住宅管理者協会　75, 78
女性住宅審議会　75, 78, *xxxvii*, *xxxix*
新自由主義　3, *xxxi*
水洗トイレ　12, 13, 81, *xviii*

スコットランド　vi, 8, 29-31, 56
スプロール　103, *xxxv*
スラム　v, 8, 14, 16, 19-21, 39-40, 44, 65, 67, 96, *xxvii*, *xxix*, *xli*
スラムクリアランス　17, 19, 39-40, 49, 54, 58-59, 89, 107, 108, *xx*
生活関連諸施設　59, 86, 93
世帯構成　52
全国住宅改革評議会　26-27
全国住宅組織連盟　*xlvi*
戦後再建（第一次大戦）　34, 62, 64-68, 70, 73, 74, 89-90, *xxxi-xxxii*, *xxxiv*, *xxxvi*, *xliv*
戦時連立政府　62, 63, 73, 77, 89-90
外廊下方式　84, 85

た　行

代替住宅の提供　19, 39
台所　13, 77, 81-82, 92-93
台所兼居間　9, 13, 82, 92
ダイニング・キッチン　81, 92, *xl*
『タイムズ』　87
建て売り建築業者　10, 13
多人数世帯　59
団地の社会生活　52-53
地方自治体　v, 3, 27, 28, 33, 34-35, 37-40, 43, 54-56, 78, 80, 85, 88, 90, 93, 95, 98, *xlvi*
地方自治体法（1888 年）　43
地方税　28, 34, 35, 37-39, *xxiii*
地方税納税者　20, 96, *xxiii*
中央政府　3, 35, 97
中間団体　63, 78, 91, *xxxviii*
中流階級　22, 24, 37, 52, 57, 104, 107, *xxxviii*
『チューダー・ウォルターズ報告』（1918 年）　34, 56, 80
賃金　13, 15, 21, 28, 29, 40-41
低運賃鉄道法（1883 年）　22
低所得層　16, 54, 58
低密度　24, 34, 46, 61, 69, 83, 104
『デイリー・テレグラフ』　87
『デイリー・ヘラルド』　87
テネメント　8, 16, 29, 70, *xxvii*
テラスハウス　8-10, 11, 13, 22, 24, 83-84, 86, 93, *xviii*, *xl-xli*
田園郊外　23, 24, 56, 108
田園都市　v, 23-24, 68, 74, 77, 85, 94, 102, 104, *xviii*, *xxi*, *xxii*, *xxv*, *xxxviii*
田園都市運動　7, 13, 23-25, 108, *xxix*
田園都市路線　24, 31, 34, 42-44, 46, 61, *xxv*, *xxvi*
電気　80, 82, *xxxvii*
ドイツ　vi, 3, 4, 27, 64-65, 73, 97-98, 100, 107, *xv*, *xxiii*, *xxiv*, *xxvii*, *xxix*, *xlvii*
都市計画　26-27, 62, 64-67, 72-74, 82, 87, 93, 102-103, 105, 106, *xviii*, *xxi*, *xxii*, *xxv*, *xxxiii*, *xxxv*, *xxxvi*, *xlii*, *xliv*, *xlix*
都市計画家　67-69, 74, *xli*

都市女性ギルド全国連合　75
都市農村計画協会　68-69, 72, 73, 88, *xxi*
都市農村計画省　66, 78, *xliv*
土地課税　28, 96

な　行

流し場　12, 13, 25, 50, 82, *xviii*
二戸建て住宅（セミ・デタッチト）　24, 42, 83, 86, *xli*
ニュー・アーズウィック　23
『ニューステイツマン・アンド・ネイション』　87
ニュータウン開発　102, 106
庭　24, 69, 77

は　行

バック・トゥー・バック　9, *xviii*
バーミンガム　8, 9, 10, 14, 56-57, 75, 101
ハムステッド・ガーデン・サバーブ　23, 26, *xxii*
非営利住宅組織　3, 4, 16, 27, 31, 96, 98, 107, 108, *xlvi*
『ピクチャー・ポスト』　65, 69, 72
『ピープルズ・ホームズ』　75-77, 78, 94, *xlv*
ピーボディ・トラスト　17-18
貧困調査　16, 55
フィルタリング　21, *xxi*
福祉国家　3, 5, 62-63, 90, 108, *xxxii*, *xliv*, *xlix*
「福祉の複合体」　63, 108, *xv*
「不動産所有民主主義」　96
プチ・ブルジョア階層　98, *xvii*
プライバシー　8, 77, 83, 84
フラット　39, 47, 70, 72, 77, 83-85, 93, *xxvii*, *xli*, *xliii*
『プラニング』　66
フランス　vi, 4, 98, 100, 107, *xv*, *xxiv*, *xli*, *xlvii*
不良住宅　v, 3, 10, 14, 19-20, 38-39, 54, 55, 59, 101, *xlvi*
ベヴァリッジ報告　5, 62, 89, 108
ベコントリー団地　58, 76, *xxx*, *xlviii*
ベスナルグリーン　104-105
保健医官　20, 79, *xviii*, *xxxix*
保健省　34, 37, 66, 78, 89, *xxi*, *xxxviii*, *xliii*
保守党　34, 39, 53, 54, 62, 64, 87, 89-90, 96, 100-102, 107, *xxxvii*, *xliv*
保守党政府　37
ホワイトカラー　22, 41, 52, *xvii*
ボーンヴィル　23, 26, 76
ボーンヴィル・ヴィレッジ財団　74

ま　行

マス・オブザヴェーション　74, 75, *xxxvi*
マンチェスター　8, 56, *xxvii*, *xxxviii*
ミドランズ　54, 56
民間業者　20, 36-38, 54, 56, 89, *xviii*, *xli*

民間住宅市場　4, 11, 27-28, 30, 33, 36, 59, 96-97, 107
民間住宅建設ブーム　40-42
民間賃貸住宅　42, 83
民間賃貸部門　2, 3, 53, 107
民間家主層　3, 28, 53, 97, 98, 107
民主的計画化　72-74
メゾネット　85
モダニズム　39, 50, 61, 69-72, 88, 92, 101, 103-105, *xxvii, xxxiv, xli*
持ち家　1, 2, 10-11, 37-38, 41-42, 52, 53, 61, 63, 89, 101, 105, 107-108
持ち家取得　4, 11, 38, 40, *xxviii*
持ち家所有者　1, 96
モデル工業村　23, 74
モデル住宅会社　17, *xlvi*

や　行

家賃　2, 10, 14-17, 19, 25, 28-29, 35, 37, 49, 52, 58, 88
家賃スト　27, 28, 30-31, *xxiv*
家賃統制　3, 28, 31, 36-37, 40, 54, 97-98, 107
友愛組合　11
床面積　34, 38, 82, 84, 88, 90, 92-93
ヨーク　16, 55
浴室　34, 77, 81, *xl*
ヨーロッパ大陸諸国　vi, 3, 31

ら　行

リヴァプール　8, 20, 56, *xx, xxvii, xxx, xxxviii*
リーズ　56, *xxvii, xli, xlvii*
リスペクタビリティ　13
レッチワース　23, 26, 76, *xi*
労働組合会議　28
労働組合評議会　29, 97, 98
労働者階級　1, 2, 7, 11, 13, 17, 21, 22, 28-29, 31, 56, 57, 75, 79, 83, 97-100, 102, 104, 106, *xxviii, xxxvii, xli, xlvi, xlvii*
労働者階級の住宅にかんする王立委員会（1884～85 年）　20
労働者階級の状態改善協会　17
労働者下層　19, 38, 40, 58, 59
労働者全国住宅評議会　29, 34
労働者用通勤列車　21-22
労働党　29, 31, 38, 39, 53, 62, 87, 89-90, 96, 98, 101, 107, 108, *xxiv, xxix, xxxii, xliv*
労働党政府　38-39, 62, 90
路面電車　22
ロンドン　14-17, 20-22, 25, 41-44, 55, 58-59, 64, 66, 75, 103, 104, 106, *xvi, xxi, xxvii, xxviii, xxiv, xxxi, xxxv, xxxviii, xlii, l*
ロンドン行政州　43, *xvi*
ロンドン州議会　39, 43-52, 57-58, *xlii*
ロンドン統治法（1899 年）　43
ロンドン労働党　43, *xxix*

人名索引

あ 行

アドバガム、ジョスリン Jocelyn Adburgham *xxxviii*

アバークロンビー、パトリック Patrick Abercrombie *xlii*

アンウィン、レイモンド Raymond Unwin 23-24, 34, *xxv*

ヴィヴィアン、ヘンリー Henry Vivian 25

ウィリンク、ヘンリー Henry Willink 90, *xliii*

ウィルモット、ピーター Peter Willmott 104

オーウェル、ジョージ George Orwell 103

オズボーン、フレデリック Frederic Osborn 68-69, 73, 88, *xxxv*

オファー、アヴナー Avner Offer 96

オルテガ・イ・ガセット、ホセ Jose Ortega y Gasset 102

オレクノヴィッチ、アンジェイ Andrzej Olechnowicz *xlviii*

か 行

キー、ランスロット Lancelot H. Keay *xxxviii*

クック、セシリー Cecily Cook *xxxix*

クラプソン、マーク Mark Clapson 106, *l*

クリップス、スタフォード Stafford Cripps 73

グリーンウッド・ウィルソン、J. J. Greenwood Wilson 79, *xxxix*

グロピウス、ヴァルター Walter Gropius 69

コポック、リチャード Richard Coppock *xxxix*

さ 行

スウェナトン、マーク Mark Swenarton 105, *xxvi*

た 行

ダドリー卿 3rd Earl of Dudley 78, 79

ダービン、エヴァン Evan Durbin *xliv*

チェンバレン、ネヴィル Neville Chamberlain 37, 101

チェンバレン・パウエル・ボン Chamberlin, Powell & Bon　104
チューダー・ウォルターズ、ジョン　John Tudor Walters　34, 56, 80, *xxv*
ティトマス、リチャード　Richard Titmuss　62
デュラント、ルース　Ruth Durant　46, 104, *xxix*
ド・スワソン、ルイ　Louis de Soissons　*xxxviii*
ドーントン、マーティン　Martin Daunton　96, 109, *xv*, *xlv*, *li*

は　行

バート、ジョージ　George Burt　*xxxix*
ハリソン、トム　Tom Harrisson　74
ハルトン、エドワード　Edward Hulton　65
ハワード、エベニーザー　Ebenezer Howard　23, *xxix*
ピアシー、ウィリアム　William Piercy　*xliv*
ヒル、オクテイヴィア　Octavia Hill　19, 75, *xix*
フォーショー、J. H.　John Henry Forshaw　*xlii*
ブース、チャールズ　Charles Booth　16
フライ、エドウィン・マックスウェル　Edwin Maxwell Fry　70, *xxxv*
ブラウン、アーネスト　Ernest Brown　79, 90, *xliii*
ペリー、クラレンス　Clarence Perry　*xlii*
ベルマン、ハロルド　Harold Bellman　*xxxix*
ボールドウィン、スタンリー　Stanley Baldwin　100

ま　行

マキビン、ロス　Ross McKibbin　99, 101
マルパス、ピーター　Peter Malpass　63, 108
モーガン、ケヴィン　Kevin Morgan　102
モリソン、ハーバート　Herbert Morrison　*xxix*

や　行

ヤング、テレンス　Terence Young　*xlviii*
ヤング、マイケル　Michael Young　104

ら　行

ラウントリー、シーボーム　Seebohm Rowntree　16, 55
リース、ジョン　John Reith　66
ル・コルビュジェ　Le Corbusier　69
レーデボア、ジュディス　Judith Ledeboer　*xxxviii*

ロイド・ジョージ、メガン　Megan Lloyd George　*xxxix*
ロック、マックス　Max Lock　67, 68, *xxxiv*

図版一覧

図 1　バック・トゥー・バック形式のテラスハウスの間取りとコートの構造（19 世紀前半バーミンガム市の例）

出典）Bournville Village Trust, *When We Build Again*（London: George Allen & Unwin, 1941），p. 34.

図 2　工業化と都市化が生み出した密集市街地の形状（バーミンガム市中心部の例）

出典）Bournville Village Trust, *When We Build Again*, p. 24.

図 3　建築条例に則ったテラスハウスの究極的発展形態を示す間取り

出典）Bournville Village Trust, *When We Build Again*, p. 37.

図 4　条例住宅による宅地開発（19 世紀後半のバーミンガム市の例）

出典）Bournville Village Trust, *When We Build Again*, p. 25.

図 5　ピーボディ・トラストによる中層の集合住宅（1871 年）：平面図と外観

出典）J. N. Tarn, *Five Per Cent Philanthropy: An Account of Housing in Urban Areas between 1840 and 1914*（Cambridge: Cambridge Univesity Press, 1973），pp. 48–9.

図 6　レイモンド・アンウィンと協同設計者バリー・パーカーによる熟練職工のための住宅プラン：平面図

出典）R. Unwin, *Cottage Plans and Common Sense*（London: Fabain Society, 1902），Plate VI.

図 7　アンウィンとパーカーによるレッチワース田園都市のバーズ・ヒル地区の平面計画

出典）M. G. Day, 'The contribution of Sir Raymond Unwin（1863）and R. Barry Parker（1867–1947）to the development of site-planning theory and prctice, c. 1890–1918', in A. Sutcliffe（ed.），*British town planning: the formative years*（Leicester: Leicester University Press, 1981），p. 180.

図 8　スコットランドのテネメントと呼ばれた集合住宅（19 世紀末のグラスゴーの例）：ファサードと平面図

出典）F. Worsdall, *The Glasgow Tenement: A Way of Life*（Glasgow: Richard Drew, 1979），pp. 116–7.

図 9　『住宅マニュアル』（1919 年）の客間付き 3 寝室住宅の設計プラン：正面と平面図

出典）Local Government Board, *Manual on the Preparation of State-Aided Housing Schemes*（London: HMSO, 1919），Suggested Housing Plans No. 6.

図 10　1930 年代の中心部スラム再開発事業によって建てられた集合住宅の例（ロンドン州議会）
出典）London County Council, *London Housing*（London: LCC, 1937）, p. 93.
図 11　イングランドとウェールズの地方自治体および民間業者による住宅建設戸数の推移 1920–1939 年
出典）R. Rodger, 'Slums and Suburbs: The Persistence of Residential Apartheid', in P. Waller（ed.）, *The English Urban Landscape*（Oxford: Oxford University Press, 2000）, p. 253.
図 12　ロンドン州議会供給の公営住宅団地の分布図（1927 年）
出典）London County Council, *Housing: With particular reference to Post-War Housing Schemes*（London: LCC, 1928）, inset.
図 13　ロンドン州議会供給の公営住宅団地の分布図（1937 年）
出典）London County Council, *London Housing*, inset.
図 14　ウォトリング団地の土地利用図
出典）R. Durant, *Watling: A Survey of Social Life on a Housing Estate*（London: P. S. King, 1939）, plan facing inside cover.
図 15　ウォトリング団地の平面計画
出典）London County Council, *London Housing*, plan facing p. 164.
図 16　ウォトリング団地の景観（1）：レンガ造の住宅の街並み
出典）London County Council, *Housing*, p. 98.
図 17　ウォトリング団地の景観（2）：木骨造の住宅のブロック
出典）London County Council, *Housing*, p. 97.
図 18　標準的な 3 寝室住宅の設計プラン：平面図
出典）London County Council, *Housing*, p. 48.
図 19　客間付きの 3 寝室住宅の設計プラン：平面図
出典）London County Council, *Housing*, p. 45.
図 20　1919 年の「住宅・都市計画法」に基づく高水準の公営住宅の例（1924 年、ストーク市議会）
出典）*City of Stoke-on-Trent Housing 1919-1960*（Stoke-on-Trent: Stoke City Council, 1960）, p. 55.
図 21　1930 年代の郊外型公営住宅団地の例：ウェリー・カッスル団地の平面計画（バーミンガム市議会）
出典）S. Gale, *Modern Housing Estates*（London: B. T. Batsford, 1949）, Plate VII.
図 22　モダニズムの建築思想に基づく、中心市街地の再建復興案

出典）*Picture Post*, 4 January 1941, pp. 18–9.
図 23　標準的な 3 寝室住宅の 1 階部分の間取りプラン（1）：ダイニング・キッチンタイプ
出典）Ministry of Health, *Design of Dwellings*（London: HMSO, 1944）, p. 34.
図 24　標準的な 3 寝室住宅の 1 階部分の間取りプラン（2）：専用キッチンタイプ
出典）Ministry of Health, *Design of Dwellings*（London: HMSO, 1944）, p. 36.
図 25　標準的な 3 寝室住宅の 1 階部分の間取りプラン（3）：台所兼居間タイプ
出典）Ministry of Health, *Design of Dwellings*（London: HMSO, 1944）, p. 38.
図 26　ウォトリング団地の標準的な 3 寝室住宅の居間の使用例：『ピープルズ・ホームズ』調査員によるスケッチ
出典）Mass-Observation, *An Enquiry into People's Homes*, p. 106.
図 27　1949 年の政府発行『住宅マニュアル』から：『住居の設計』が提唱した近隣住区を盛り込んだ郊外住宅地の計画案
出典）Ministry of Health, *Housing Manual 1949*（London: HMSO, 1949）, p. 26.

註と典拠

はじめに

(1) 本書の枠組み・視座・分析・叙述については、マーティン・ドーントンのイギリス住宅史にかんする研究に多くを負っている。また「福祉の複合体」史観や近年の住宅政策の再編を受けた住宅協会やその前身の慈善住宅団体の役割の見直し、さらに後述の郊外化の再評価などの潮流に学んでいる。「福祉の複合体」史観については、例えば、G. Finlayson, *Citizen, States and Social Welfare in Britain 1830-1990* (Oxford: Oxford University Press, 1994) を参照されたい。また、イギリスの住宅(政策)史については、次のような書物がある。小玉徹・大場茂明・檜谷美恵子・平山洋介『欧米の住宅政策―イギリス・ドイツ・フランス・アメリカ』(ミネルヴァ書房、1999);大橋竜太『イングランド住宅史―伝統の形成とその背景』(中央公論美術出版、2005)。

序章

(1) P. Clarke, *Hope and Glory: Britain 1900-2000* (London: Penguin, 2004), p. 144(西沢保・市橋秀夫・椿建也・長谷川淳一他訳『イギリス現代史―1900-2000』、名古屋大学出版会、2004、137 ページ).

(2) *Report of the Committee on Housing in Greater London* [Milner Holland Report] Cmnd 2605 (London: HMSO, 1965), pp. 206-25; J. S. Fuerst (ed.), *Public Housing in Europe and America* (London: Croom Helm, 1974); Department of the Environment, *Housing Policy: Technical Volume Part III* (London: HMSO, 1977), pp. 159-210; D. V. Donnison and C. Ungerson, *Housing Policy* (Harmondsworth: Penguin, 1982), pp. 62-77(大和田建太郎訳『あすの住宅政策―すまいの平等化へ』、ドメス出版、1984、71-92 ページ); 住田昌二「住宅政策の国際比較」『新建築学大系 14 ハウジング』(彰国社、1985)、323-59 ページ。

(3) 例えば、J. N. Tarn, *Five Per Cent Philanthropy: An Account of Housing in Urban Areas between 1840 and 1914* (Cambridge: Cambridge University

Press, 1973), pp. xiii–xiv, 143–4; E. Gauldie, *Cruel Habitations: A History of Working-Class Housing 1780-1918* (London: George Allen & Unwin, 1974), 17–8, 306–10; A. S. Wohl, *The Eternal Slum: Housing and Social Policy in Victorian London* (London: Edward Arnold, 1977), pp. 282–4, 315–6, 336–340.

(4) M. J. Daunton, *House and Home in the Victorian City: Working-Class Housing 1850-1914* (London: Edward Arnold, 1983); M. J. Daunton (ed.), *Councillors and tenants: local authority housing in English cities, 1919-1939* (Leicester: Leicester University Press, 1984)(深沢和子・島浩二訳『公営住宅の実験』、ドメス出版、1988); M. J. Daunton, *A Property-Owning Democracy? Housing in Britain* (London: Faber and Faber, 1987); D. Englander, *Landlord and Tenant in Urban Britain 1838-1918* (Oxford: Oxford University Press, 1983); A. Offer, *Property and Politics 1870-1914: Landownership, Law, Ideology and Urban Development in England* (Cambridge: Cambridge University Press, 1981).

第一章

(1) P. Mathias, *The First Industrial Nation: An Economic History of Britain 1700-1914* Second Edition (London: Methuen, 1983), pp. 415–7 (小松芳喬監訳『最初の工業国家―イギリス経済史 1700–1914 年』[改訂新版]、日本評論社、1988、486–7 ページ); P. J. Waller, *Town, City , and Nation: England 1850-1914* (Oxford: Oxford University Press, 1983), pp. 7–8. ただし、インナー・ロンドンと呼ばれ、28 の首都特別区によって構成されていたロンドン行政州の 1901 年人口は 454 万人。なお、今日、金融の中心地として知られるロンドン旧市街、シティ・オブ・ロンドンは、特殊な機構と広範な権限を有する独立の自治体を形成していた。

(2) C. G. Pooley, 'England and Wales', in C. G. Pooley (ed.), *Housing Strategies in Europe 1880-1930* (Leicester: Leicester University Press, 1992), pp. 74–7.

(3) Daunton, *House and Home in the Victorian City*, pp. 12–21.

(4) R. Rodger, 'Scotland', in C. G. Pooley (ed.), *Housing Strategies in Europe 1880-1930*, pp. 105–14.

(5) Daunton, *House and Home in the Victorian City*, pp. 38–51; S. Muthesius, *The English Terraced House* (New Haven, CT: Yale University Press, 1982), pp. 101–42.

(6) Bournville Village Trust, *When We Build Again* (London: George Allen & Unwin, 1941), p. 35.

(7) R. Rodger, *Housing in Urban Britain 1780-1914: Class, Capitalism and Construction* (Basingstoke: Macmillan, 1989), pp. 32–4.

(8) ジェフリー・クロシックによれば、イギリスの「ロウアー・ミドル・クラス」は二つのグループに大別できる。「1つは、商店主や小規模な実業家など伝統的なプチ・ブルジョアジー、もう一つは新しいホワイトカラーの賃金生活者で、事務員、管理者、巡回販売員、教師、ある種の店員などである。これに下級の専門職（プロフェッショナル）も加えることが出来る。」G. Crossick, 'The Emergence of the Lower Middle Class in Britain: A Discussion', in G. Crossick (ed.), *The Lower Middle Class in Britain 1870-1914* (New York: St. Martin's Press, 1977), p. 12（島浩二監訳『イギリス下層中産階級の社会史』、法律文化社、1990、2ページ）. 本書では、貸家経営の主要な担い手でもあった前者の伝統的なプチ・ブルジョア階層を意味する場合には下層中産階級、新中間層とも言われる後者のホワイトカラー層は下層中流階級とした。

(9) Daunton, *House and Home in the Victorian City*, pp. 102–17; J. Burnett, *A Social History of Housing 1815-1985* Second Edition (London: Methuen, 1986), pp. 152–3; M. Doughty, 'Introduction', in M. Doughty (ed.), *Building the Industrial City* (Leicester: Leicester University Press, 1986).

(10) E. Hopkins, *Working-class self-help in nineteenth-century England: Response to industrialization* (London: UCL Press, 1995), pp. 38–43, 56; 島浩二『住宅組合の史的研究―イギリスにおける持家イデオロギーの源流』(法律文化社、1998); L. Samy, 'Extending home ownership before the First World War: the case of the Co-operative Permanent Building Society, 1884–1913', *Economic History Review*, Vol. 65 No. 1 (February 2012), pp. 168–93.

(11)　M. J. Daunton, *State and Market in Victorian Britain: War, Welfare and Capitalism* (Woodbridge: Boydell & Brewer, 2008), pp. 308–10.

(12)　Burnett, *A Social History of Housing 1815-1985*, pp. 158–9.

(13)　ガスは、1890年代に前払いのコイン式メーターの開発によって普及が進み、1914年には主要工業都市の30〜60%の世帯がガスレンジを利用していた。水道の普及はガスを上回り、1914年までに都市部の住宅はほぼ上水道を完備していた。条例住宅の勝手口の延長部分に位置した流し場では、月曜が洗濯日、金曜はブリキ製の風呂桶に、ガスで沸かした湯を注いで入浴というのが、労働者世帯の慣わしだったと言われている。より古いバック・トゥー・バックの場合、中庭に共同洗濯場が設けられていることもあった。また自治体によっては、浴場を兼ねた公営の洗濯場を供給した。衛生設備にかんしては、工業化初期の、汚物回収方式の屋外共同便所が、屋外の個別便所を経て、下水道システムの導入にともなって水洗トイレに置き換わっていく過程が進行していた。諸都市の当局は、共同便所に起因する公衆衛生上のリスクを告発する保健医官（自治体の保健衛生行政を統括する専門官）の報告を受けて、設置義務の条例や費用補助を通じて家主の水洗への転換を後押しした。1911年時点で、人口5万以上の95都市中、62都市で水洗トイレ普及率は90%を超えていた。Daunton, *House and Home in the Victorian City*, pp. 237–62.

(14)　Ibid., pp. 280–5.

(15)　Muthesius, *The English Terraced House*, p. 97.

(16)　条例住宅の時代のテラスハウスは、やはり民間業者による敷地節約の必要から、六戸、八戸、一〇戸といった具合につなげて建てられたために、住人の勝手口へのアクセスの問題が生じた。そこで、長いブロックの場合、一定間隔で建物の裏に通じる通路を穿つという工夫がなされて普及した。そのため、通称トンネルバック・ハウス tunnel back houses とも呼ばれた。Ibid., pp. 72–3.

(17)　W. Ashworth, *The Genesis of Modern British Town Planning: A Study in Economic and Social History of the Nineteenth and Twentieth Centuries* (London: Routledge & Kegan Paul, 1954), p. 91（下總薫監訳『イギリス田園都市の社会史―近代都市計画の誕生』、御茶の水書房、1987、108ページ）.

(18)　Waller, *Town, City, and Nation,* p. 161.

(19)　G. Stedman Jones, *Outcast London: A Study in the Relationship Between the Classes in Victorian Society* (New York: Pantheon Books, 1984), pp. 159–78; S. M. Gaskell, 'Introduction', in S. M. Gaskell (ed.), *Slums* (Leicester: Leicester University Press, 1990), pp. 1–16.

(20)　Burnett, *A Social History of Housing 1815-1985*, pp. 144–5.

(21)　Daunton, *House and Home in the Victorian City*, pp. 273–5.

(22)　G. E. Cherry, *Cities and Plans: The Shaping of Urban Britain in the Nineteenth and Twentieth Centuries* (London: Edward Arnold, 1988), pp. 51–5.

(23)　S. Morris, 'Changing Perceptions of Philanthropy in the Voluntary Housing Field in Nineteenth-and Early Twentieth-Century London', in T. Adam (ed.), *Philanthropy, Patronage, and Civil Society: Experiences from Germany, Great Britain, and North America* (Bloomington: Indiana University Press, 2004), pp. 143–8.

(24)　P. Malpass, *Housing Associations and Housing Policy: A Historical Perspective* (Basingstoke: Macmillan, 2000), pp. 32–42, 45–58; S. Morris, 'Market solutions for social problems: working-class housing in nineteenth-century London', *Economic History Review*, Vol. 54 No. 3 (August 2001), pp. 525–45; 岡村東洋光「チャリティの倫理と資本主義の精神—19 世紀に登場した"5%フィランスロピー"」岡村東洋光・高田実・金澤周作編著『英国福祉ボランタリズムの起源—資本・コミュニティ・国家』(ミネルヴァ書房、2012)、49–66 ページ。

(25)　D. Clapham, 'A woman of her time', in C. Grant (ed.), *Built to Last?: Reflections on British housing policy* (London: Shelter, 1992), pp. 14–24; 中島明子監修・解説、E. モバリー・ベル/平弘明・松本茂訳『英国住宅物語—ナショナルトラストの創始者オクタヴィア・ヒル伝』(日本経済評論社、2001)、353–72 ページ; R. J. Rowles, *Housing Management* (London: I. Pitman, 1959), pp. 1–7.

(26)　J. English, R. Madigan and P. Norman, *Slum Clearance: The Social and*

Administrative Context in England and Wales (London: Croom Helm, 1976), pp. 16-9. リヴァプールやグラスゴーは19世紀後半、個別法 private act を制定してスラムクリアランスの先駆的な取り組みを行っていた。C. G. Pooley, 'Housing for the poorest poor: slum-clearance and rehousing in Liverpool, 1890-1918', *Journal of Historical Geography*, Vol. 11 No. 1 (January 1985), pp. 70-88; C. M. Allan, 'The Genesis of British Urban Redevelopment with special reference to Glasgow', *Economic History Review*, Vol. 18 No. 3 (1965), pp. 598-613.

(27)　Wohl, *The Eternal Slum*, pp. 105-6.

(28)　正式名称は「労働者階級住宅法」'Labouring Classes Lodging Houses Act' で、同年の、労働者の簡易宿泊所 common lodging houses の監督にかかわる法律とともに制定され、イギリス最初の住宅法とされている。地方当局による公的住宅の建設と管理を認めていたが、lodging houses の解釈をめぐって混乱が生じ、その後、死文と化していた。Wohl, *The Eternal Slum*, pp. 74-8.

(29)　深沢和子「イギリスにおける公共住宅政策の形成—1890年労働者階級住宅法の成立まで」『阪南論集　社会科学編』18巻4号（1983年3月）、85-100ページ; P. Malpass and A. Murie, *Housing Policy and Practice* Fourth Edition (Basingstoke: Macmillan, 1994), pp. 39-40.

(30)　例えば、R. Thorne, 'The White Hart Lane Estate: An LCC Venture in Suburban Development', *London Journal*, Vol. 12 No. 1 (1986), pp. 85-86; R. Smith, P. Whysall and C. Beuvin, 'Local authority inertia in housing improvement 1890-1914: a Nottingham study', *Town Planning Review*, Vol. 57 No. 4 (October 1986), pp. 409-20; 永島剛「ヴィクトリア時代ブライトン市における衛生環境改革事業の展開」『三田学会雑誌』94巻3号（2001年10月）、70-83ページ。

(31)　S. Merrett, *State housing in Britain* (London: Routledge & Kegan Paul, 1979), pp. 19-30; R. Rodger, 'Political Economy, Ideology and the Persistence of Working-Class Housing Problems in Britain, 1850-1914', *International Review of Social History*, Vol. 32 Pt 2 (1987), pp. 132-5.

(32)　Stedman Jones, *Outcast London*, pp. 197-214.

(33) 雇用の季節性・不安定性から労働市場の集中する中心部に留まらざるを得ないこと、郊外における家計の補助に欠かせない女性の就労の機会の欠如や安い市場、掛買いのできる店の不在、鉄道運賃の負担などが、労働者の移動を制約していることは当時から認識されていた。Ibid., p. 208-9; 島浩二「住宅問題と鉄道―ヴィクトリア期ロンドンの「郊外鉄道」に関する一考察」『阪南論集 社会科学編』18巻4号(1983年3月)、58ページ。他方、時代を下って1931年の保健省年次報告にも、フィルタリングへの期待が表明されており、関係者の間で根強く信じられていたことがわかる。*Twelfth Annual Report of the Ministry of Health, 1930-31* Cmd 3937 (London: HMSO, 1931), p. 92.

(34) Rodger, *Housing in Urban Britain 1780-1914*, pp. 56-7; A. S. Wohl, 'The Housing of the Working Classes in London 1815-1914', in S. D. Chapman (ed.), *The History of Working-Class Housing: A Symposium* (Newton Abbot: David & Charles, 1971), pp. 28-36; J. Armstrong, 'From Shillibeer to Buchanan: transport and the urban environment', in M. J. Daunton (ed.), *The Cambridge Urban History of Britain Vol. III 1840-1950* (Cambridge: Cambridge University Press, 2000), pp. 235-43.

(35) Ashworth, *The Genesis of Modern British Town Planning*, pp. 147-55 (下總薫監訳『イギリス田園都市の社会史』、169-78ページ); S. M. Gaskell, 'Housing and the Lower Middle Class, 1870-1914', in G. Crossick (ed.), *The Lower Middle Class in Britain 1870-1914* , pp. 159-69 (島浩二監訳『イギリス下層中産階級の社会史』、158-70ページ); Burnett, *A Social History of Housing 1815-1985*, pp. 159-61.

(36) A. Ravetz, *Council Housing and Culture: The History of a Social Experiment* (London: Routledge, 2001), ch. 4. 1899年には田園都市理念の宣伝普及のための組織として田園都市協会(後の都市農村計画協会)が設立され、その後、超党派の有力なロビー団体として、広くイギリスにおける都市計画の発展に寄与した。その歴史については、D. Hardy, *From Garden Cities to New Towns: Campaigning for town and country planning, 1899-1946* (London: E & FN Spon, 1991) を参照されたい。

(37) M. Miller, 'Raymond Unwin 1863-1940', in G. E. Cherry (ed.), *Pioneers in*

British Planning (London: Architectural Press, 1981), pp. 72–102（大久保昌一訳『英国都市計画の先駆者たち』、学芸出版社、1983、95–138 ページ）; M. G. Day, 'The contribution of Sir Raymond Unwin (1863–1940) and R. Barry Parker (1867–1947) to the development of site planning theory and practice c. 1890–1918', in A. Sutcliffe (ed.), *British town planning: the formative years* (Leicester: Leicester University Press, 1981), pp. 155–199; S. Meacham, 'Raymond Unwin 1863–1940: Designing for democracy in Edwardian England', in S. Pedersen and P. Mandler (eds), *After the Victorians: Private Conscience and Public Duty in Modern Britain: Essays in memory of John Clive* (London: Routledge, 1994), pp. 78–102. 特に工業村については、石田頼房「19 世紀イギリスの工業村―田園都市理論の先駆け・実験場としての工業村：3 つの典型例」『総合都市研究』（東京都立大学都市研究センター）42 号（1991 年 3 月）、121–49 ページ。またハムステッド・ガーデン・サバーブについては、M. Miller and A. S. Gray, *Hampstead Garden Suburb* (Chichester; Phillimore, 1992) を参照のこと。

(38)　M. Swenarton, *Homes Fit for Heroes: The Politics and Architecture of Early State Housing in Britain* (London: Heinemann, 1981), ch. 1; S. M. Gaskell, "The suburb salubrious': town planning in practice', in A. Sutcliffe (ed.), *British town planning*, pp. 22–30; Burnett, *A Social History of Housing 1815-1985*, pp. 181–3.

(39)　Gaskell, "The suburb salubrious': town planning in practice', pp. 29–39; J. Birchall, 'Co-partnership housing and the garden city movement', *Planning Perspectives*, Vol. 10 No. 4 (1995), pp. 333–50.

(40)　Ashworth, *The Genesis of Modern British Town Planning*, pp. 176–90（下總薫監訳『イギリス田園都市の社会史』、202–17 ページ）; G. E. Cherry, *The Evolution of British Town Planning: A history of town planning in the United Kingdom during the 20th century and of the Royal Town Planning Institute. 1914-74* (Leighton Buzzard: Leonard Hill, 1974), pp. 40–3, 63–4.

(41)　K. J. Skilleter, 'The role of public utility societies in early British town planning and housing reform, 1901–36', *Planning Perspectives*, Vol. 8 No. 2

(1993), pp. 125–45.

(42)　B. B. Gilbert, 'David Lloyd George: Land, the Budget, and Social Reform', *American Historical Review*, Vol. 81 No. 5 (December 1976), pp. 1058–66; 藤田哲雄「1909/10 年予算案と第一次世界大戦―国家財政対地方財政、イギリス国家財政対ドイツ国家財政（上）」『経済科学研究』（広島修道大学経済科学会）8 巻 1 号（2004 年 9 月）、51–83 ページ ; Mathias, *The First Industrial Nation*, pp. 293–305（小松芳喬監訳『最初の工業国家』、345–62 ページ）.

(43)　R. Rodger, *Housing in Urban Britain 1780-1914*, pp. 58–9. イギリスの通貨単位は、1971 年の 1 ポンド（£）＝100 ペンス（p）の十進法への切り替え decimalisation 以前は、1 ポンド＝20 シリング（s）；1 シリング＝12 ペンス（d）。

地方税（rates）は、各種事業・提供サービスの自治体負担分の財政経費総額を、当該自治体の課税評価総額（rateable value）で除して 1 ポンド当たりの税率を算出し、土地・家屋等の不動産所有者にそれぞれの資産の課税査定額に応じて課された。課税評価総額は各自治体の富裕度、財政基盤の指標だった。それゆえ、仮に財政需要が等しければ、より低い課税評価総額の自治体は、相対的に高い 1 ポンド当たりの税率を課すことにつながり、主たる地方税納税者でもあった家主層の反発を招くことになった。

(44)　Offer, *Property and Politics 1870-1914*, pp. 294–7, 308–10; Daunton, *House and Home in the Victorian City*, pp. 201–2, 213–6.

(45)　Englander, *Landlord and Tenant in Urban Britain 1838-1918*, pp. 143–9.

(46)　深沢和子「T. U. C. の住宅政策―1909 年住宅・都市計画法まで」『阪南論集 社会科学編』21 巻 1 号（1985 年 6 月）、127–40 ページ ; P. Thane, 'Labour and local politics: radicalism, democracy and social reform, 1880–1914', in E. F. Biagini and A. J. Reid (eds), *Currents of Radicalism: Popular radicalism, organised Labour and party politics in Britain, 1850-1914* (Cambridge: Cambridge University Press, 1991), pp. 244–70; P. Thane, 'Labour and welfare', in D. Tanner, P. Thane and N. Tiratsoo (eds), *Labour's First Century* (Cambridge: Cambridge University Press, 2000), pp. 80–8; A. J. Reid, *United We Stand: A History of Britain's Trade Unions* (London:

Penguin, 2005), pp. 241–66.

(47)　Wohl, *The Eternal Slum*, pp. 325–30; P. Thane, 'The Working Class and State 'Welfare' in Britain, 1880–1914', *Historical Journal*, Vol. 27 No. 4 (December 1984), pp. 886–7.

(48)　R. Rodger, 'Crisis and confrontation in Scottish housing 1880–1914', in R. Rodger (ed.), *Scottish Housing in the Twentieth Century* (Leicester: Leicester University Press, 1989), pp. 31–47; D. Englander, 'Landlord and Tenant in Urban Scotland: The Background to the Clyde Rent Strike, 1915', *Scottish Labour History Society Journal*, No. 15 (1981), pp. 4–14; Daunton, *House and Home in the Victorian City*, pp. 132–8.

(49)　J. Melling, *Rent Strikes: People's Struggle for Housing in West Scotland 1890-1916* (Edinburgh: Polygon Books, 1983), chs 3 and 4.

(50)　Englander, *Landlord and Tenant in Urban Britain 1838-1918*, pp. 193–210.

(51)　Melling, *Rent Strikes*, chs 5, 7–9. 労働党の呼びかけに応じて、社会主義団体、労働運動、協同組合運動の代表によって結成された戦時緊急労働者全国委員会は、各地で独立に起こった家賃ストの動きの連携をとり、労働者の住宅に対する不満を中央政治に反映させようとした。R. Harrison, 'The War Emergency Workers' National Committee, 1914–1920', in A. Briggs and J. Saville (eds), *Essays in Labour History 1886-1923* (London: Macmillan, 1971), pp. 225–34（田口富久治監訳『近代イギリス政治と労働運動──一八六〇～一九七〇年』、未来社、1972、222–33 ページ).

(52)　L. F. Orbach, *Homes for Heroes: A Study of the Evolution of British Public Housing, 1915-1921* (London: Seeley, 1977), pp. 26–33; Daunton, 'Introduction', in M. J. Daunton (ed.), *Councillors and tenants*, pp. 8–9（深沢和子・島浩二訳『公営住宅の実験』、27–9 ページ).

(53)　例えば、中野隆生『プラーグ街の住民たち─フランス近代の住宅・民衆・国家』（山川出版社、1999);北村昌史『ドイツ住宅改革運動─19 世紀の都市化と市民社会』（京都大学学術出版会、2007); T. Adam, 'Housing Charities and the Provision of Social Housing in Germany and the United States of

America, Great Britain, and Canada in the Nineteenth Century', in B. Harris and P. Bridgen (eds), *Charity and Mutual Aid in Europe and North America Since 1800* (New York: Routledge, 2007), pp. 158-88. とくにトーマス・アダムの論考は、当時の住宅改革の動向を思想的・人的国際交流の視点から描いている。

第二章

(1) M. Bowley, *Housing and the State 1919-1944* (London: Allen & Unwin, 1945), pp. 10-4.

(2) *Report of the Committee appointed by the President of the Local Government Board and the Secretary for Scotland to consider questions of building construction in connection with the provision of dwellings for the working classes in England and Wales, and Scotland, and report upon methods of securing economy and despatch in the privision of such dwellings* [Tudor Walters Report] Cd 9191 (London: HMSO, 1918), para(graph)s 58, 85-9, 98-100, 144. 議長のジョン・チューダー・ウォルターズ卿は、長年住宅改革に携わってきた自由党庶民院議員。報告のイギリス住宅政策史における位置づけについては、C. Powell, 'Fifty years of progress', *Built Environment*, Vol. 3 No. 10 (October 1974), pp. 532-5 を参照。

(3) Swenarton, *Homes Fit for Heroes*, pp. 67, 92-111. アンウィンは、1914 年に地方自治庁の主任都市計画監督官に任命され、翌 15 年からは軍需省に出向して、国営軍需工場の労働者のための住宅建設を指導し、戦前の田園都市路線の開発手法を公的住宅の分野に導入した。S. Pepper and M. Swenarton, 'Home front: garden suburbs for munition workers 1915-18', *Architectural Review*, Vol. 163 No. 976 (June 1978), pp. 366-75; 大和久悌一郎「戦争のための田園都市―グレトナ・タウンシップとイーストリッグス」『西洋史学』217 号 (2005 年)、22-43 ページ。

(4) 実際、イングランドとウェールズの自治体の 3 割は、1919 年法による住宅建設を行わなかった。J. H. Jennings, 'Geographical Implications of the Municipal Housing Programme in England and Wales 1919-39', *Urban*

Studies, Vol. 8 No. 2 (June 1971), p. 125.

(5) 建築史家マーク・スウェナトンは、大量復員にともなう戦後の社会不安のなかで政府の住宅キャンペーンがもったイデオロギー的機能に着目し、なかんずく田園都市路線の高水準の住宅デザインの提唱が「革命に対する保険」としての役割を果たしたことを強調する。 M. Swenarton, 'An 'Insurance against Revolution': Ideological Objectives of the Provision and Design of Public Housing in Britain after the First World War', *Bulletin of the Institute of Historical Research*, Vol. 54 No. 129 (May 1981), pp. 86–101.

(6) P. Wilding, 'The Housing and Town Planning Act 1919 – A Study in the Making of Social Policy', *Journal of Social Policy*, Vol. 2 No. 4 (1973), pp. 327–34; Bowley, *Housing and the State 1919-1944*, pp. 16–22; Malpass and Murie, *Housing Policy and Practice*, pp. 50–2, 57; Malpass, *Housing Associations and Housing Policy*, pp. 77–9.

(7) Malpass and Murie, *Housing Policy and Practic*e, pp. 52–5; P. Malpass, 'Public utility societies and the Housing and Town Planning Act, 1919: a re-examination of the introduction of state-subsidized housing in Britain', *Planning Perspectives*, Vol. 15 No. 4 (2000), pp. 384–5.

(8) Daunton, 'Introduction', in M. J. Daunton (ed.), *Councillors and tenants*, pp. 9, 12–5（深沢和子・島浩二訳『公営住宅の実験』、29–30, 35–42 ページ）.

(9) Bowley, *Housing and the State 1919-1944*, pp. 36–7; Malpass and Murie, *Housing Policy and Practice*, pp. 57–8; Burnett, *A Social History of Housing 1815-1985*, pp. 231–2.

(10) Bowley, *Housing and the State 1919-1944*, pp. 40–3; Burnett, *A Social History of Housing 1815-1985*, pp. 232–3; I. S. Wood, *John Wheatley* (Manchester: Manchester University Press, 1990), pp. 131–44.

(11) Bowley, *Housing and the State 1919-1944*, p. 271.

(12) 例えば、E. D. Simon, *How to Abolish the Slums* (London: Longmans, Green, 1929), pp. 52–61; Ministry of Health, *Eleventh Annual Report of the Ministry of Health 1929-1930* Cmd 3667 (London: HMSO, 1930), pp. 76–7, 81–2.

(13) 同法の施行を契機に、1930年代に密集市街地の再開発が促進され、戦前から同様の事業に取り組んできたロンドンやリヴァプールに加えて、リーズ（5,000戸）、ニューカッスル（500戸）、マンチェスター（9,000戸）などで集合住宅団地が建設された。当時、若手建築家を中心に、ヨーロッパ大陸からイギリスに浸透しつつあった建築におけるモダニズムの影響を受けていた、これらの集合住宅団地は、旧来のテネメントなどの共同居住に付きまとっていた過密居住やスラムのイメージを払拭するためのプロパガンダとしても大いに活用され、これ以降、「フラット」がテネメントに代わって集合住宅の呼称として定着するようになる。A. Ravetz, 'From Working Class Tenement to Modern Flat: local authorities and multi-storey housing between the wars', in A. Sutcliffe (ed.), *Multi-Storey Living: The British Working-Class Experience* (London: Croom Helm, 1974), pp. 122–50. 具体的には例えば、ドイツのブルーノ・タウトによるベルリンのモダニズムの集合住宅団地建設がリヴァプールの中心部再開発事業に及ぼした影響が明らかにされている。M. Whitfield, 'Lancelot Keay and Liverpool's Multi-Storey Housing of the 1930s', in E. Harwood and A. Powers (eds), *Housing the Twentieth Century Nation* [Twentieth Century Architecture 9] (London: Twentieth Century Society, 2008), pp. 37–50.

(14) Bowley, *Housing and the State 1919-1944*, pp. 135–8; Malpass and Murie, *Housing Policy and Practice*, pp. 58–9; English, Madigan and Norman, *Slum Clearance*, pp. 20–2.

(15) Bowley, *Housing and the State 1919-1944*, pp. 138–41; Malpass and Murie, *Housing Policy and Practice*, pp. 59–60.

(16) Malpass and Murie, *Housing Policy and Practice*, pp. 46–8.

(17) S. Pollard, *The Development of the British Economy 1914-1980* Third Edition (London: Edward Arnold, 1983), pp. 150–3, 186–9.

(18) Bowley, *Housing and the State 1919-1944*, p. 279.

(19) D. Baines, 'Recovery from Depression', in P. Johnson (ed.), *Twentieth-Century Britain: Economic, Social and Cultural Change* (London: Longman, 1994), p. 196.

(20)　M. Swenarton and S. Taylor, 'The Scale and Nature of the Growth of Owner-Occupation in Britain between the Wars', *Economic History Review*, Vol. 38 No. 3 (August 1985), p. 386; Pooley, 'England and Wales', in C. G. Pooley (ed.), *Housing Strategies in Europe 1880-1930*, p. 94. 近年の研究は、代表的な住宅組合の借り手の階層の分析や、購入住宅の課税評価額の検討などを通じて、1930 年代の労働者階級の持ち家取得の拡大を強調する傾向にある。G. Speight, 'Who bought the inter-war semi? the socio-economic characteristics of new house-buyers in the 1930s', *Oxford University Discussion Paper in Economic and Social History*, No. 38 (December 2000); P. Scott, 'Marketing mass home ownership and the creation of the modern working-class consumer in inter-war Britain', *Business History*, Vol. 50 No. 1 (January 2008), pp. 4-25.

(21)　R. H. Best, 'The extent and growth of urban land', *The Planner*, Vol. 62 No. 1 (January 1976), pp. 10-1.

(22)　A. A. Jackson, *Semi-Detached London: Suburban Development, Life and Transport, 1900-39* (London: George Allen & Unwin, 1973), pp. 111-120.

(23)　J. L. Marshall, 'The Pattern of Housebuilding in the Inter-war Period in England and Wales', *Scottish Journal of Political Economy*, Vol. 15 No. 2 (June 1968), pp. 199-200.

(24)　Jackson, *Semi-Detached London*, pp. 105-11; F. Welling, *British Housebuilders: History & Analysis* (Oxford: Blackwell, 2006), pp. 34-45.

(25)　Waller, *Town, City, and Nation*, pp. 58-65; 加藤一明「ロンドンの行政制度」大阪市立大学経済研究所編『世界の大都市１　ロンドン』(東京大学出版会、1985)、87-92 ページ。

(26)　London County Council, *London Housing* (London: LCC, 1937), p. 184.

(27)　A. Saint, "Spread The People': The LCC's Dispersal Policy', in A. Saint (ed.), *Politics and the People of London: The London County Council 1899-1965* (London: Humbledon Press, 1989), pp. 219-24.

(28)　London County Council, *Housing: With particular reference to Post-War Housing Schemes* (London: LCC, 1928), p. 30.

(29) K. Young and P. L. Garside, *Metropolitan London: Politics and Urban Change 1837-1981* (London: Edward Arnold, 1982), pp. 179–89. ロンドン労働党の領袖ハーバート・モリソン自身、若い頃にハワードの思想に共鳴し、田園都市運動の支持者だったが、同時に、スラム再開発の実績を誇示することで選挙民にアピールし，労働党のロンドンでの支持基盤を固めることに余念のないプラグマティストでもあった。Saint, "Spread The People': The LCC's Dispersal Policy', pp. 225–6.

(30) London County Council, *Housing*, p.96.

(31) R. Durant, *Watling: A Survey of Social Life on a Housing Estate* (London: P. S. King, 1939). ルース・デュラントは、ドイツ出身の社会学者で、イギリスにおける都市社会学の草分け的存在だった。後に、ルース・グラスとして、「ジェントリフィケーション」概念を最初に考案したことでも名高い。R. Glass, 'Introduction', in Centre for Urban Studies (ed.), *London: Aspects of Change* (London: MacGibbon & Kee, 1964), pp. xviii–xix.

(32) London County Council, *Housing*, p. 96.

(33) London County Council, *Housing, 1928-30* (London: LCC, 1931), p. 34; Durant, *Watling*, p. 2.

(34) London County Council, *Housing*, p. 96.

(35) D. Bayliss, 'Revisiting the cottage council estates: England, 1919–39', *Planning Perspectives*, Vol. 16 No. 2 (2001), pp. 179, 182.

(36) Ibid., p. 182.

(37) Durant, *Watling*, pp. 3–6.

(38) Ibid., pp. 16–8.

(39) Ibid., pp. 1, 20–42.

(40) Bayliss, 'Revisiting the cottage council estates: England, 1919–39', pp. 184–6, 191–2.

(41) Bowley, *Housing and the State 1919-1944*, pp. 140.

(42) 例えば、I. Cole and R. Furbey, *The Eclipse of Council Housing* (London: Routledge, 1994), pp. 5, 55–6.

(43) Marshall, 'The Pattern of Housebuilding in the Inter-war Period in

England and Wales', p. 185.

(44)　J. Stevenson, *Social Conditions in Britain Between the Wars* (Harmondsworth: Penguin, 1977), p. 175; B. S. Rowntree, *Portrait of a City's Housing, being the results of a detailed Survey in the City of York 1935-9* (London: Faber and Faber, 1945).

(45)　J. B. Cullingworth, *Housing and Local Government in England and Wales* (London: George Allen & Unwin, 1966), p. 28.

(46)　Rodger, 'Scotland', in C. G. Pooley (ed.), *Housing Strategies in Europe 1880-1930*, pp. 126–8.

(47)　Burnett, *A Social History of Housing 1815-1985*, pp. 234.

(48)　J. H. Forshaw and P. Abercrombie, *County of London Plan prepared for the London County Council* (London: Macmillan, 1943), Plate XXVI facing p. 76; Jackson, *Semi-Detached London*, pp. 157–64.

(49)　A. Olechnowicz, *Working-Class Housing in England between the Wars: The Becontree Estate* (Oxford: Clarendon Press, 1997), p. 2.

(50)　G. C. M. M'Gonigle and J. Kirby, *Poverty and Public Health* (London: Victor Gollancz, 1936), ch. 7; G. D. H. Cole and M. I. Cole, *The Condition of Britain* (London: Victor Gollancz, 1937), pp. 160–1.

(51)　A. R. Holmes, *Investigation into the Effects of Rehousing by the London County Council* (copyright unkown, 1947), pp. 5–6. 以下よりアクセス可能：(http://library-2.lse.ac.uk/collections/pamphlets/document_service/HD7/E0000027/doc.pdf)

(52)　Burnett, *A Social History of Housing 1815-1985*, pp. 236.

(53)　例えば、1937年に居住者数37,500人を数えたリヴァプールのノリス・グリーン団地にかんする報告も、こうした点を指摘している。N. Williams, *Population Problems of New Estates, with special reference to Norris Green* (Liverpool: University of Liverpool, 1939). また1920年に開発が始まったロンドンのベコントリー団地では、隣接するダゲナム地区に進出した米フォード社の現地生産工場が1931年に始動するまで大手の雇用主は少なく、その後も進出諸企業の必要とする労働力とのミスマッチなどから、多くの住民が

就労のため、ロンドン市内への通勤を余儀なくされた。Olechnowicz, *Working-Class Housing in England between the Wars*, pp. 94-101.

(54) Daunton, 'Introduction', in M. J. Daunton (ed.), *Councillors and tenants*, p. 28（深沢和子・島浩二訳『公営住宅の実験』、66ページ）.

(55) Cherry, *Cities and Plans*, p. 89.

第三章

(1) R. M.Titmuss, *Problems of Social Policy* (London: HMSO,1950), pp. 506-9.

(2) P. Addison, *The Road to 1945: British Politics and the Second World War* (London: Quartet Books, 1977): P. Addison, 'The Road from 1945', in Peter Hennessy and Anthony Seldon (eds), *Ruling Performance: British Governments from Attlee to Thatcher* (Oxford: Blackwell, 1987), pp. 5-27; K. O. Morgan, *Labour in Power 1945-1951* (Oxford: Oxford University Press, 1984). 1980年代の現実政治において戦後体制の打破を掲げた新自由主義の隆盛が、戦後改革へのノスタルジアも手伝って、コンセンサス論の定着に寄与した。しかしその後、戦前の改革のルーツ、大戦中の政党間のイデオロギーや政策の相違、労使間の懸隔などを強調する実証研究が増え、さらに当時の経済的困難や既得権益層の存在、世論を含めた社会的制約のために、戦後改革が限定的だったとする見方が優勢となりつつある。例えば、K. Jefferys, 'British Politics and Social Policy during the Second World War', *Historical Journal*, Vol. 30 No. 1 (March 1987), pp. 123-44; S. Fielding, P. Thompson and N. Tiratsoo, *'England arise!': The Labour Party and popular politics in 1940s Britain* (Manchester: Manchester University Press, 1995); J. Hasegawa, 'The Rise and Fall of Radical Reconstruction in 1940s Britain', *Twentieth Century British History*, Vol. 10 No.2 (1999), pp. 137-61; A. Digby, 'Changing Welfare Cultures in Region and State', *Twentieth Century British History*, Vol. 17 No. 3 (2006), pp. 297-322. 論争と研究動向紹介としては、J. Harris, 'War and Social History: Britain and the Home Front during the Second World War', *Contemporary European History*, Vol. 1 No. 1 (1992), pp. 17-35; H. Jones, 'The post-war consensus in Britain: thesis,

antithesis, synthesis?', in B. Brivati, J.Buxton and A. Seldon (eds), *The contemporary history handbook* (Manchester: Manchester University Press, 1996), pp. 41–9; 長谷川淳一「戦後再建期のイギリスにおける社会政策の意義—福祉国家の成立・定着とコンセンサス論をめぐって」『三田学会雑誌』99巻1号（2006年4月）、75–98ページ。他方，労働党史に多大な貢献をしたベン・ピムロットは、「コンセンサスとは、近づくにつれて瞬く間に消滅する蜃気楼のようなものである」と喝破し、早くからこれを「神話」として退けていた。B. Pimlott, 'The Myth of Consensus', in L. M. Smith (ed.), *The Making of Britain: Echoes of Greatness* (Basingstoke: Macmillan, 1988), pp. 129–41. また近年、振り子が懐疑論に振れすぎたことに批判的な論者もいる。R. McKibbin, 'Not Pleasing the Tidy-Minded', *London Review of Books*, Vol. 30 No. 8, 24 April 2008, pp. 30–1. 広く内外の研究成果を踏まえて、都市の復興・再開発の視点から戦後改革の再評価を試みた論考には、本内直樹「戦後イギリス都市再建史研究の諸問題—新しい理想社会New Jerusalemの後退をめぐって」『経済学雑誌』107巻1号（2006年6月）、81–99ページ。

(3) Jefferys, 'British Politics and Social Policy during the Second World War', pp. 191, 195, 212.

(4) P. Malpass, 'Wartime planning for post-war housing in Britain: the Whitehall debate, 1941–5', *Planning Perspectives*, Vol. 18 No. 2 (2003), pp 193–4; P. Malpass, 'Fifty Years of British Housing Policy: Leaving or Leading the Welfare State?', *European Journal of Housing Policy*, Vol. 4 No. 2 (2004), pp. 215–6.

(5) J. B. Cullingworth, *Town and Country Planning in England and Wales*: The Changing Scene Completely Revised Third Edition (London: George Allen & Unwin, 1970), p. 31.

(6) Titmuss, *Problems of Social Policy*, pp. 295, 30; C. M. Kohan, *Works and Buildings* (London: HMSO, 1952), pp. 221–5; A. Calder, *The People's War: Britain 1939-45* (London: Jonathan Cape, 1969), p. 203; T. Harrisson, *Living Through the Blitz* (Harmondsworth: Penguin, 1978), pp. 219, 263.

(7) G. D. N. Worswick and P. H. Ady (eds), *The British Economy, 1945-50*

(Oxford: Clarendon Press, 1952), p. 21; J. R. Short, *Housing in Britain: The Post-War Experience* (London: Methuen, 1982), p. 42; A. E. Holmans, *Housing Policy in Britain: A History* (London: Croom Helm, 1987), pp. 92–3.

(8) A. Marwick, Middle Opinion in the Thirties: Planning, Progress and Political "Agreement", *English Historical Review*, Vol. 79 No. 311 (April 1964), pp. 285–98.

(9) 例えば、V. Brittain, *England's Hour* (London: Macmillan, 1941), p. 170; R. Calder, *The Lesson of London* (London: Secker & Warburg, 1941), p. 125; W. H. Beveridge, *The Pillars of Security and Other War-time Essays and Addresses* (London: George Allen & Unwin, 1943), p. 13; *Mass-Observation Bulletin*, 'Post-War Expectations', March 1941.

(10) *Picture Post*, 4 January 1941, p. 4.

(11) J. Stevenson, 'Planners' moon? The Second World War and the planning movement', in H. L. Smith (ed.), *War and Social Change: British Society in the Second World War* (Manchester: Manchester University Press, 1986), p. 67.

(12) Cullingworth, *Town and Country Planning in England and Wales*, pp. 27–30.

(13) Addison, *The Road to 1945*, pp. 176–7; Cherry, *Cities and Plans*, p. 116.

(14) *Planning*, No. 215, 14 December 1943, pp. 2–3; M. Young, 'The Second World War', in J. Pinder (ed.), *Fifty Years of Political & Economic Planning: Looking Forward, 1931-1981* (London: Heinemann, 1981), p. 94.

(15) F. J. Osborn (ed.), *Planning and Reconstruction Yearbook 1944-45* (London: Todd Publishing, 1944), pp. 367–72.

(16) 大戦期の都市計画ブームの盛衰については、Stevenson, 'Planners' moon? The Second World War and the planning movement'; 本内「戦後イギリス都市再建史研究の諸問題—新しい理想社会 New Jurusalem の後退をめぐって」を参照されたい。

(17) 代表的なものとしては、T. Sharp, *Town Planning* (Harmondsworth:

Penguin, 1940); G. Boumphrey, *Town and Country Tomorrow* (London: T. Nelson and Sons, 1940); R. Tubbs, *Living in Cities* (Harmondsworth: Penguin, 1942); Royal Institute of British Architects, *Rebuilding Britain* (London: Lund Humphries, 1943); G. McAllister and E. G. McAllister (eds), *Homes, Towns and Countryside: A Practical Plan for Britain* (London: B. T. Batsford, 1945) などがある。

(18)　P. J. Larkham and K. D. Lilley, *Planning the 'City of Tomorrow': British reconstruction planning, 1939-1952: An annotated bibliography* (Pickering: Inch's Books, 2001), pp. 1-25. 戦災都市復興の理念と実態の詳細な分析については、J. Hasegawa, *Replanning the Blitzed City Centre: A comparative study of Bristol, Coventry and Southampton 1941-1950* (Buckingham: Open University Press, 1992); ティラッソー・松村高夫・メイソン・長谷川淳一『戦災復興の日英比較』(知泉書館、2006) を参照されたい。 N. Bullock, *Building the Post-War World: Modern Architecture and Reconstruction in Britain* (London: Routledge, 2002) は、建築のモダニズムの変遷を中心に戦中戦後の再建過程を検討している。また非戦災都市に対象を広げ、世論の動向に焦点を当てた研究には、本内直樹「英国州都ウースター市再建計画の構想と現実、1939～1960年」『社会経済史学』71巻5号 (2006年1月)、81-99ページ；本内直樹「英国州都ベッドフォード市における戦後再建議論と世論の反応—1940年代を中心に」『経済学雑誌』107巻2号 (2006年9月)、47-69ページがある。

(19)　Association for Planning and Regional Reconstruction, *Housing Digest* (London: Arts & Educational Publishers, 1946) は、後述の住宅意識調査も含めた、こうした提言の貴重な要録集である。

(20)　M. Lock, 'Hull Regional Survey', in *Civic Diagnosis: Blitzed City Analised* [A Guide to the Interim Exhibition in London and Hull] (Hull: Hull Regional Survey, 1943), unpaginated. ロックの思想と活動については、N. Motouchi and N. Tiratsoo, 'Max Lock, Middlesbrough, and a forgotten tradition in British post-war planning', *Planning History*, Vol. 26 No. 1/2 (2004), pp. 17-20.

(21) A. Ravetz, *Remaking Cities: Contradictions of the Recent Urban Environment* (London: Croom Helm, 1980), pp. 19–24.

(22) D. L. Foley, 'Idea and Influence: The Town and Country Planning Association', *Journal of the American Institute of Planners*, Vol. 28 No. 1 (February 1962), pp. 10–7.

(23) オズボーンの生涯と活動については、M. Hebbert, 'Frederic Osborn 1885–1978', in Cherry (ed.), *Pioneers in British Planning*, pp. 177–202 (大久保昌一訳『英国都市計画の先駆者たち』、239–73 ページ).

(24) 1926 年設立のイングランド農村保全評議会は、農村のアメニティの保護にかかわっていた諸団体を糾合した組織で、都市のスプロールの防止や農村の計画的保全を掲げていた。背景には、とくに 20 世紀に入り、首都ロンドンを中心とする南東部の産業発展がもたらした人口集中とそれにともなう無計画な宅地開発によって国土が家屋 (bricks and mortar) に覆われ、その過程で肥沃な農村が消失したとの認識の広がりがあった。*Royal Commission on the Distribution of the Industrial Population(Barlow Commission): Report* Cmd 6153 (London: HMSO, 1940), para(graph)s 33–6.

(25) F. J. Osborn, 'Statement', in F. E. Towndrow (ed.), *Replanning Britain: being a summan'zed Report of the Oxford Conference of the Town and Century Planning Association, Spring, 1941* (London: Faber and Faber, 1941), p. 85.

(26) Ibid., p. 90.

(27) モダニストの建築家たちの大戦中の活動については、J. R. Gold, *The experience of modernism: Modern architects and the future city, 1928-53* (London: E & FN Spon, 1997), pp. 155–85.

(28) *Picture Post*, 4 January 1941, pp. 16–20. フライについては、Maxwell Fry's obituary, *Independent*, 8 September 1987.

(29) Royal Institute of British Architects, 'Evidence submitted by the R. I. B. A. to the Sub-Committee on Design of Dwellings of the Central Housing Advisory Committee of the Ministry of Health', *Journal of the Royal Institute of British Architects*, Third Series, Vol. 49 No. 12 (October 1942),

p. 213.

(30)　諸分野の専門家が参加した戦後再建のための独立調査機関であった都市計画・地域再建協会は、1950年のイギリス人口の世帯別構成比を推計し、子供のいない世帯および単身者が全体の3分の2を占めるとの予測を立てていた。 Association for Planning and Regional Association, *Broadsheet* 3, n(o). d(ate). but c(irca). 1941. 協会の推計は、著名な人口学者デイヴィッド・グラスの研究に基づいていた。

D. V. Glass, 'Population', in I. R. M. McCallum (ed.), *Physical Planning: The ground work of a new technique* (London: Architectural Press, 1945), pp. 133–40.

(31)　Mass-Observation Archive, University of Sussex (hereafter M–O): File Report No. 669, 'Analysis "Picture Post Plan for Britain" Letters', 15 May 1941, pp. 2, 5–7, 11–13.

(32)　*Picture Post*, 18 January 1941, p. 30.

(33)　M–O: File Report No. 1366, 'Post-War Questionnaire (Fabian Society Public Opinion Survey)', 31 July 1942; *Mass-Observation Bulletin*, 'Post-War Hopes', October 1943; UK National Archives (hereafter NA): INF1/292, Home Intelligence Weekly Report, 17 August 1944, 14 September 1944, 12 October 1944, 9 November 1944 and 29 December 1944; G. H. Gallup (ed.), *The Gallup International Public Opinion Polls: Great Britain, 1937-1975* (New York: Random House, 1976), pp. 90, 96, 97, 105, 109, 115 などを参照されたい。

(34)　Stafford Cripps, in 'Houses To Live In', *Official Architect*, Vol. 5 No. 6 (June 1942), p. 280.

(35)　F. J. Osborn, 'Replanning Britain', *Town and Country Planning*, Vol. 8 No. 32 (December 1940), pp. 65–6 ; Royal Institute of British Architects, *Rebuilding Britain*, p. 65.

(36)　Tom Harrisson, 'Human Planning', *New Statesman and Nation*, 27 September 1941, p. 302; Letter form Tom Harrisson, *Architects' Journal*, 30 October 1941, p. 291. マス・オブザヴェーションについては、A. Calder,

'Mass-Observation 1937–1949', in M. Bulmer (ed.), *Essays on the History of British Sociological Research* (Cambridge: Cambridge University Press, 1985), pp. 121–36 を参照されたい。

(37) Mass-Observation, 'Some Psychological Factors in Home Building', *Town and Country Panning*, Vol. 11 No. 41 (Spring 1943), p. 9.

(38) Bournville Village Trust, *When We Build Again*. 調査自体は、戦争直前に実施された。

(39) N. Ward-Pearson, 'Townswomen's Views on Post-War Homes', *The Townswoman*, Vol. 10 No. 10 (June 1943), pp. 129–42.

(40) Society of Women Housing Manager, *Memorandum drawn up at the request of the Sub-Committee of the Central Housing Advisory Committee of the Ministry of Health on the Design of Dwellings* (London: Society of Women Housing Managers, 1943).

(41) NA: HLG37/64, 'Report from the Women's Advisory Housing Council on Women's Needs in Future Housing' [mimeographed report], n. d. but c. 1943. 主要な調査結果については、'Women and Housing', *Town and Country Planning*, Vol. 11 No. 41 (Spring 1943), p. 28–9. 女性住宅審議会は、1937年に設立された保健相の私的な諮問機関で、各種女性団体の住宅にかんする見解を調整して、大臣に伝える役割を果たした。大戦当時、カトリック社会ギルド(Catholic Social Guild)、女性電気協会 (Electrical Association for Women)、保守統一党女性諮問委員会 (Conservative and Unionist Women's Advisory Committee)、自由党女性連盟 (Women's Liberal Federation) など、およそ30団体が加盟していた。

(42) 大戦中の各種住宅調査とその影響については、T. Tsubaki, 'Planners and the Public: British Popular Opinion on Housing during the Second World War', *Contemporary British History*, Vol. 14 No. 1 (Spring 2000), pp. 81–98. 同様に調査を実施した他の主な組織には、農村・地方都市の階級横断的組織として1915年に設立され、会員間の親睦や公衆衛生などの啓発活動に取り組んだ地方都市婦人会全国連盟 (National Federation of Women's Institutes)、1916年設立の協同組合や労働団体の連合体で、労働者階級の立場か

ら社会問題に発言していた女性労働者組織常設合同協議会（Standing Joint Committee of Working Women's Organisations）、1939年に疎開が露呈した階級間の軋轢を契機に作られた中流階級主導の、複数の女性組織の調整機関で、女性や子供の衛生福祉の向上に取り組んだ公共の福祉に関する女性グループ（Women's Group on Public Welfare）などがあった。都市女性ギルド連合や、地方都市婦人会全国連盟など、普通選挙権の到来とともに出現する新しい型の中間団体は、保健衛生や福祉の推進、シティズンシップの涵養、女性の社会的地位の向上に重要な役割を果たした。例えば、P. Thane, 'What Difference Did the Vote Make?', in A. Vickery (ed.), *Women, Privilege, and Power: British Politics, 1750 to the Present* (Stanford: Stanford University Press, 2001), pp. 253–88; H. McCarthy, 'Parties, Voluntary Associations, and Democratic Politics in Interwar Britain', *Historical Journal*, Vol. 50 No. 4 (December 2007), pp. 891–912; J. Hinton, *Women, Social Leadership, and the Second World War: Continuities of Class* (Oxford: Oxford University Press, 2002), chs 1, 9 を参照されたい。

(43)　*Daily Herald*, 26 March 1943.

(44)　Mass-Observation, *An Enquiry into People's Homes* (London: John Murray, 1943), pp. 3–4.

(45)　Ibid., pp. 27, 53–5, 84–6, 93–6, 103, 112–21.

(46)　Ibid., pp. 99–102, 104–8.

(47)　Ibid., pp. 160–8.

(48)　Ibid., pp. 171–2.

(49)　Ibid., p. 226.

(50)　*The Times*, 21 March 1942.

(51)　リヴァプール市建築課長兼住宅局長ランスロット・キイ（Lancelot H. Keay, 1883–1974）、ウェリン田園都市の設計者ルイ・ド・スワソン（Louis de Soissons, 1890–1962）、ロンドン・フラム住宅協会建築担当ジョスリン・アドバガム（Jocelyn F. Adburgham, 1900–79）、女性初の保健省建築技官で、委員会書記を務めたジュディス・レーデボア（Judith G. Ledeboer, 1901–90）。

(52)　マンチェスター市議会議員マイルズ・ミッチェル（Miles E. Mitchell,

1875-1955)、カーディフ市の保健医官J. グリーンウッド・ウィルソン（J. Greenwood Wilson）に加えて、A. E. マンクス（A. E. Monks）、シーモア・ウィリアムス（Seymour Williams, 1868-1945）およびジョン・ロバートソン・スコット（J. W. Robertson Scott, 1866-1962）は、いずれも農村住宅の専門家。

(53) 有力な建設会社、ジョン・モウレム社取締役ジョージ・バート（George Burt, 1884-1964）、全国建築工組合連盟総書記リチャード・コポック（Richard Coppock, 1885-1971）、住宅金融業界の重鎮で、後のアビー・ナショナル住宅金融組合会長ハロルド・ベルマン（Harold Bellman, 1886-1963）、不動産鑑定士で、長く治安判事を務めたジョン・ウォトソン（John A. F. Watson, 1903-78）であった。

(54) 庶民院議員メガン・ロイド・ジョージ（Megan Lloyd George, 1902-66）、女性住宅審議会会長サンダーソン夫人（Lady Sanderson）、同副会長M. M.ドラー（M. M. Dollar）、女性協同組合ギルド総書記セシリー・クック（Cecily Cook, 1889/90-1962）、ノーフォーク州議会議員E. グーチ（E. Gooch）、M. E. ハワース（M. E. Haworth）。女性委員の充実は、女性組織によるロビー活動の成果であった。NA: HLG36/16, Central Housing Advisory Committee Minutes No. 18, 17 July 1942, Minutes No. 19, 19 October 1942 and 'Women's Representation' (P. W. 10), n. d.

(55) NA: HLG37/62, Central Housing Advisory Committee Sub-Committee on Design of Dwellings Minutes No. 5, 31 March 1943 and Minutes No. 7, 25 June 1943; HLG37/65, Ministry of Health and Ministry of Town and Country Planning Joint Study Group to consider Section V of the Evidence submitted to the Sub-Committee on the design of Dwellings Minutes and Papers, 1943.

(56) NA: HLG36/16, Central Housing Advisory Committee Minutes No. 16, 20 March 1942.

(57) NA: HLG37/62, Central Housing Advisory Committee Sub-Committee on Design of Dwellings Minutes No. 1, 3 April 1942; NA: HLG36/16, Central Housing Advisory Committee Minutes No. 17, 17 April 1942.

(58) NA: HLG37/62, Central Housing Advisory Committee Sub-Committee on

Design of Dwellings Minutes No. 8, 24 September 1943 and Minutes No. 9, 29 October 1943.

(59) NA: HLG37/64, Letter J. Greenwood Wilson to Ernest Brown, 16 October 1943.

(60) Ministry of Health, *Design of Dwellings: Report of the Design of Dwellings Sub-Committee of the Central Housing Advisory Committee* (London: HMSO, 1944).

(61) Ibid., para. 2.

(62) Ibid., paras 9, 12-3.

(63) Ibid., paras 14, 17-9.

(64) Ibid., para. 21.

(65) Ibid., paras 27, 36-41, 46. 1 階には、必要に応じて、洗濯その他の汚れ作業のためのスペースを確保すること、また 3 寝室以上の住宅の場合には、2 階は浴室兼洗面所として、階下に第二のトイレを設けることが望ましいとされた。Ibid., para. 47.

(66) 歴史的に、居間 sitting room という名称は、中産階級の住宅について使われ、労働者住宅の客間 parlour に相当したが、客間と違って日常的団欒に用いられた。Daunton, *House and Home in the Victorian City*, p. 282.

(67) Ibid., paras 42-3, 63, 155. なお、第一のプランの説明に、'Kitchen, with space for meals'あるいは 'Kitchen for meals'と並んで、'dining kitchen'という表現が使われている。いわゆるダイニング・キッチン（DK）という発想は、一般に第二次大戦後、公営・公団住宅から広く普及した日本住宅史の一大革新とみなされているが、興味深いのは 1944 年の段階でイギリス政府の刊行物に、その名称が見られることである。

(68) Ibid., paras 119, 124-34. 目下のところ実際的でないとして退けられたとはいえ、冷蔵庫と食器洗い機の設置も検討された。

(69) Ibid., para. 48.

(70) Ibid., paras 26, 29-30.

(71) Ibid., paras 22-3.

(72) Ministry of Health, *Design of Dwellings*, paras 67-71. 当時、旧来のテラス

ハウスは、第一次大戦以前の単調な条例住宅の町並みや民間家主の記憶と結びついて、労働者階級を含む世間一般の評価は決して高くなかった。他方、テラスハウスは、各戸専用の庭を確保できることから、二戸建て住宅と居住性がほとんど変わらないにもかかわらず、19 世紀の民間業者が証明したように、敷地面積や建築コストを節約できる経済的な住宅様式であった。さらにまとまった単位で設計、配置できることから、都市景観の形成に資するような建築上の処理が可能となった。こうしたことから、とくにモダニズムの建築家や都市計画家が、旧いイメージを払拭する「近代的なテラスハウス」を提唱していた。モダニストたちは、決して中高層の集合住宅一辺倒ではなかった。T. Sharp, *Town Planning*, pp. 91–108; Royal Institute of British Architects, *Housing*（London: RIBA, 1944）, p. 21.

(73)　委員会は、将来的な集合住宅の普及を見据えて、フラット部会を設置し、リーズ市当局が中心部のスラム再開発事業の一環として、1930 年代末に建設した先駆的なクウォリー・ヒル集合住宅団地を現地調査した。クウォリー・ヒルは、三日月形の長大なブロックが内部の長方形のブロックを取り囲むように計画された総戸数 938 戸、エレベーターを備えた最高 8 階建ての団地で、正面入り口には特徴的な半円のアーチが設けられた。両大戦間のウィーン市営の集合住宅に影響を受けた計画とされるが、フランスから導入した最新のパネル式のプレハブ工法を採用し、熟練労働を省略することで建築コストを下げ、その節約分を団地の公共施設やアメニティの充実に回すことを企図していた。R. Finnigan, ‘Council Housing in Leeds, 1919–39: social policy and urban change’, in M. J. Daunton（ed.）, *Councillors and tenants*, pp. 138–42（深沢和子・島浩二訳『公営住宅の実験』、233–41 ページ）. より詳しくは、A. Ravetz, *Model Estate: Planned housing at Quarry Hill, Leeds*（London: Croom Helm, 1974）を参照されたい。

(74)　Ministry of Health, Design of Dwellings, paras 72, 75, 82, 85–6, 93–4.

(75)　Ibid., paras 79–80.

(76)　Ibid., paras 98–9.

(77)　Ibid., paras 87–91, 96.

(78)　Ibid., paras 31–35.

(79) NA: HLG37/63, Sub-Committee on Design of Dwellings, 'Analysis of Evidence. Section V Layout' (P. D. 29), n. d., pp. 44–52. 居住密度に基づく階層的ゾーニングは、イギリス都市計画界の権威パトリック・アバークロンビー(Patrick Abercrombie, 1879–1957) とロンドン州議会建築課の J. H. フォーショー (John Henry Forshaw, 1895–1973) が中心となって作成した首都ロンドンの公式再建計画で提唱された考え方で、報告はこれを踏襲していた。Forshaw and Abercrombie, *County of London Plan*, paras 306–8 and Appendix III Housing.

(80) *Site Planning and Layout in Relation to Housing. Report of a Study Group of the Ministry of Town and Country Planning* [attached to Ministry of Health, *Design of Dwellings*], para. 15. 近隣住区論は、1920 年代にアメリカの社会・教育運動家で地域計画研究者でもあったクラレンス・ペリー (Clarence Arthur Perry, 1872–1944) によって考案された郊外住宅地の計画論であり、イギリスには 1930 年代に紹介され、大戦当時、王立建築家協会などによって提唱されていた。C. A. Perry, 'The Neighborhood Unit, a Scheme of Arrangement for the Family-Life Community', monograph one, in *Neighborhood and Community Planning* [Vol. 7 of *The Regional Survey of New York and Its Environs*] (New York: Committee on Regional Plan of New York and Its Environs, 1929) (倉田和四生訳『近隣住区論—新しいコミュニティ計画のために』、鹿島出版会、1975); E. C. Kaufmann, 'Neighbourhood Units as New Elements of Town Planning', *Journal of the Royal Institute of British Architect*, Third Series, Vol. 44 No. 4 (19 December 1936), pp. 165–75; W. Russell Tylor, 'The Neighbourhood Unit Principle in Town Planning', *Town Planning Review*, Vol. 18 No. 3 (July 1939), pp. 174–86; Royal Institute of British Architects, *Rebuilding Britain*, pp. 30–2. 近隣住区論は、通常、住宅地における歩車分離をはかるためのラドバーン設計と対になったコミュニティ形成概念として、20 世紀都市計画史に一時代を画し、とくに 1940 年代に開発されたイギリスの公営住宅団地やニュータウンの住宅地計画に採用された。英米を中心とする当時の近隣住区論の普及と受容については、J. Dahir, *The Neighborhood Unit Plan: Its Spread and*

Acceptance: A Selected Bibliography with Interpretative Comments (New York: Russell Sage Foundation, 1947) を参照されたい。

(81) *Site Planning and Layout in Relation to Housing*, paras 18–22. その際、100～300戸を一単位としてまとめること、また例えば、中高層のフラットは、地区センター周辺、あるいはオープン・スペースに面した場所に建設することを提案していた。

(82) Ibid., paras 15–7, 23–7. 中学校は、住区二つを単位に男女別に設け、これらを住区境界に配置するのがよいとした。

(83) *The Times*, 17 July 1944.

(84) *Daily Herald*, 17 July 1944.

(85) *New Statesman and Nation*, 22 July 1944, p. 52.

(86) *Daily Telegraph*, 17 July 1944.

(87) *Economist*, 22 July 1944, pp. 106–7.

(88) *Official Architect*, Vol. 7 No. 8 (August 1944), pp. 373–5; *Architectural Design and Construction*, Vol. 14 No. 8 (August 1944), pp. 192–4; *Municipal Journal*, 28 July 1944, pp. 1249–51.

(89) *Architectural Design and Construction*, Vol.14 No. 8, p. 172.

(90) *Architects' Journal*, 24 August 1944, p. 136; F. J. Osborn, 'Housing Standards and Planning Policy', *Town and Country Planning*, Vol. 12 No. 47 (Autumn 1944), p. 111.

(91) *Architect and Building News*, 28 July 1944, p. 54.

(92) NA: HLG101/316, W. H. Collins et al., 'Post War Housing', 16 April 1941, and J. C. Wrigley, 'Post-War Housing Note', n. d., p. 2.

(93) NA: HLG68/86, S. F. S. Hearder, 'Post-War Reconstruction', 26 March 1942; HLG101/383, Anon., 'Long-Term Housing Policy', September 1942.

(94) T. Tsubaki, 'Preparing for Peace: The Housing Programmes of Political Parties and the 1945 General Election in Britain', *Keio Economic Studies*, Vol. 31 No. 2 (1994), pp. 34–47.

(95) Jefferys, 'British Politics and Social Policy during the Second World War', pp. 124–6, 141. 例えば、保健省はアーネスト・ブラウンとヘンリー・ウィリン

ク、都市農村計画省はW. S. モリソン、土木省はポータル卿とダンカン・サンズ、また再建省はウールトン卿というように、保守党系の大臣が占め続けていた。

(96) NA: CAB87/5, War Cabinet Reconstruction Committee Minutes of the 32nd Meeting, 17 April and 43rd Meeting, 5 June 1944.

(97) NA: CAB87/5, War Cabinet Reconstruction Committee Minutes of the 43rd Meeting, 5 June 1944; CAB87/6, War Cabinet Reconstruction Committee Minutes of the 52nd Meeting, 10 July 1944; British Library of Political and Economic Science (BLPES): William Piercy Papers 8/18, Memorandum W. Piercy to C. R. Attlee, 2 June 1944 and Memorandum E. F. M. Durbin and W. Piercy to C. R. Attlee, 23 June 1944. ウィリアム・ピアシーは銀行家で、民主的社会主義の理論家として名高い経済学者エヴァン・ダービンと共に、第二次大戦中、労働党の政策顧問として、党首クレメント・アトリーの個人秘書を務めていた。

(98) *Housing,* Cmd 6609 (London: HMSO, 1945).

(99) 第二次大戦後の展開については、武川正吾「第４章　住宅政策―住宅市場の変貌」毛利健三編著『現代イギリス社会政策史―1945～1990』(ミネルヴァ書房、1999); 横山北斗『福祉先進社会の住宅政策―1945年～2000年』(青林書院、2000); R. Lowe, *The Welfare State in Britain since 1945* Third Edition (Basingstoke: Palgrave Macmillan, 2005); ch. 9. また戦後再建期にかんする近年の優れた社会史(コンセンサス懐疑論を底流にもつ)としては、D. Kynaston, *Austerity Britain 1945-51* (London: Bloomsbury, 2007) がある。

(100) ハロルド・パーキンによれば、教育と訓練を通じて資格を得る諸分野の専門家層や職能集団の台頭によって、イギリスの古典的な階級社会は変容を遂げ、お互いにその専門や技能に基づくサービスを提供する職能社会が到来し、彼らがその専門性を買われて、次第に政府の政策形成にさまざまな形で関与するようになったとされる。彼は、とくに教育、建築、都市計画、福祉諸分野の専門家を取り上げ、福祉国家実現へのその貢献を論じている。H. Perkin, *The Rise of the Professional Society: England since 1880* (London:

Routledge, 1989), chs 7 and 8.

(101) 例えば、客間あるいは最上の部屋への願望は、『ピープルズ・ホームズ』調査でも強く示されていた。Mass-Observation, *An Enquiry into People's Homes*, pp. 99–102, 104–8.

(102) 田所辰之助「「ツァイレンバウ」という技術—オットー・ヘスラーによる平行配置型ジードルンクの展開」『建築文化』56巻656号（2001年12月）、131ページ。

(103) 例えば、L. Mumford, *The Culture of Cities* (London: Secker & Warburg, 1938), pp. 465–85（生田勉訳『都市の文化』、鹿島研究所出版会、1974、459–77ページ）.

終章

(1) Daunton, *A Property-Owning Democracy?*, pp. 47–60.

(2) Offer, *Property and Politics 1870-1914*, pp. 254, 259–61, 264–68, 276–96, 308–310; Rodger, *Housing in Urban Britain 1780-1914*, pp. 52–5, 58–60.

(3) Daunton, 'Introduction', in M. J. Daunton (ed.), *Councillors and tenants*, p. p. 6–7（深沢和子・島浩二訳『公営住宅の実験』、24–6ページ）.

(4) Englander, *Landlord and Tenant in Urban Britain 1838-1918*, pp. 194–5; Malpass and Murie, *Housing Policy and Practic*e, p. 50.

(5) Daunton, 'Introduction', in M. J. Daunton (ed.), *Councillors and tenants*, p. p. 5–6（深沢和子・島浩二訳『公営住宅の実験』、22–4ページ）; M. J. Daunton, 'Introduction', in M. J. Daunton (ed.), *Housing the Workers, 1850-1914: A Comparative Perspective* (London: Leicester University Press, 1990), pp. 24–5. ここでのマーティン・ドーントンの主張は、ジェフリー・クロシックの議論を下敷きにしている。G. Crossick, 'The Emergence of the Lower Middle Class in Britain; A Discussion', pp. 41–8（島浩二監訳『イギリス下層中産階級の社会史』、法律文化社、1990、39–48ページ）.

(6) P. Kemp, 'From solution to problem? Council housing and the development of national housing policy', in S. Lowe and D. Hughes (eds), *A New Century of Social Housing* (Leicester: Leicester University Press, 1991), p.

48. 対照的に、第一次大戦直後の住宅不足に対する、戦前の各種非営利住宅組織の貢献度の低さについては、その活動の地理的限定性はもちろんのこと、国庫補助の提供にもかかわらず、住宅協同組合のような公益事業組合を含め、こうした組織が、自治体にも増して、戦後インフレのなかで資金の調達難や資材・労働力不足の影響を受けたことが指摘されている。Malpass, 'Public utility societies and the Housing and Town Planning Act, 1919', p. 386. また、相対的な役割の低下の理由として、多くの慈善住宅トラストとモデル住宅会社が提供した集合住宅というモデルが、郊外化の進展にともなって、対象としていた労働者階級の支持を失っていったことも大きかった。S. Morris, 'Organizational Innovation in Victorian Social Housing', *Nonprofit and Voluntary Sector Quarterly*, Vol. 31 No. 2 (June 2002), pp. 201-3. イギリスでは、両大戦間期に新たな、小規模の非営利組織が多数誕生し、地方自治体の助成も受けて活動し、1935 年にはその中央機関として、全国住宅組織連盟（National Federation of Housing Societies）が設立された。翌 36 年の「住宅法」で、公益事業組合を含む各種の非営利住宅組織の総称として、住宅協会（housing association）という用語が導入され、「労働者階級のための住宅の建設・改良・管理事業に従事、またはそれを支援するために設立され、営利を目的とせず、定款で発行資本の利子・配当を、大蔵省の定める利率以下に限定している組織、財団あるいは会社」と定義された。以後、イギリスにおける非営利住宅組織は、1970 年代の公的住宅政策の転換にいたるまで、都市の不良住宅地区の住宅改良や再開発にともなう住宅建設など特定の住宅ニーズに対応する、副次的機関として位置づけられた。London County Council, *London Housing*, pp. 200-18; Malpass, *Housing Associations and Housing Policy*, pp. 78-81.

（7） Daunton, 'Introduction', in M. J. Daunton (ed.), *Housing the Workers, 1850-1914*, p. 27.

（8） R. McKibbin, 'Why was there no Marxism in Great Britain?', *English Historical Review*, Vol. 99 No. 391 (April 1984), pp. 310-7.

（9） Ibid, pp. 314-5.

（10） M. J. Daunton, 'Payment and Participation: Welfare and State-Formation

in Britain 1900–1951', *Past and Present*, No. 150 (February 1996), pp. 172–81; 藤田「1909/10 年予算案と第一次世界大戦（上）」、51–63, 71–83 ページ。逆にこうした財政・租税制度の確立は、民間の慈善やヴォランタリズムの発展を制約したとされている。例えば大蔵省は、アメリカ合衆国におけるフィランソロピーの隆盛をもたらすことになる税制上の優遇措置や、フランス、ドイツ、ベルギーなどで見られたような、貯蓄銀行の積立金や保険基金の非営利住宅協会への融資に反対の姿勢を堅持した。Daunton, Ibid, pp. 192–4.

(11) Daunton, 'Introduction', in M. J. Daunton (ed.), *Housing the Workers, 1850-1914*, pp. 25–6; 左喜間望「イギリス労働者階級と議会主義の伝統」『歴史評論』647 号（2004 年 3 月）、65–78 ページ。

(12) K. Morgan, 'The Problem of the Epoch? Labour and Housing, 1918–51', *Twentieth Century British History*, Vol. 16 No. 3 (2005), pp. 227–55; K. Morgan, 'The Conservative Party and Mass Housing, 1918–39', in S. Ball and I. Holliday (eds), *Mass Conservatism: The Conservatives and the Public since the 1880s* (London: Frank Cass, 2002), pp. 58–77; R. McKibbin, 'Class and Conventional Wisdom: the Conservatives and the 'Public' in Inter-war Britain', in R. McKibbin, *The Ideologies of Class: Social Relations in Britain 1880-1950* (Oxford: Clarendon Press, 1990), pp. 253–93. さらに、各地方の産業構造や政治的伝統の違い、それらに由来する地方議会の構成や諸集団の布置、また市政の正当な役割についての認識をめぐる論議などが、個々の自治体レベルでの取り組みに影響を与えた。ダラム州、リーズ、ブリストルの事例については、M. J. Daunton (ed.), *Councillors and tenants*（深沢和子・島浩二訳『公営住宅の実験』）所収の論文; T. J. Hulme, 'Urban Governance and Civic Responsibilty: Interwar Council Housing in Buxton', *Midland History*, Vol. 35 No. 2 (Autumn 2010), pp237–55 を、また新工法の採用をめぐる対応の差が見られた 1920 年代のノッティンガムとレスターの事情については、N. Hayes, 'Civic perceptions: housing and local decision-making in English cities in the 1920s', *Urban History*, Vol. 27 Part 2 (August 2000), pp. 211–33 を参照されたい。

(13)　J. Carey, *The Intellectuals and the Masses: Pride and Prejudice among the Literary Intelligentsia, 1880-1939* (London: Faber and Faber, 1992), pp. 3-6, 46-70 (東郷秀光訳『知識人と大衆―文人インテリゲンチャにおける高慢と偏見 1880-1939 年』、大月書店、2000、6-9, 60-92 ページ); 新井潤美『階級にとりつかれた人びと―英国ミドル・クラスの生活と意見』(中央公論新社、2001)。

(14)　G. Orwell, *Coming Up for Air* (Harmondsworth: Penguin, 1962), p. 14 (大石健太郎訳『空気をもとめて』、彩流社、1995、19 ページ).

(15)　N. Hornby, *Fever Pitch* (London: Penguin, 2000), p. 40 (森田義信訳『ぼくのプレミア・ライフ』、新潮社、2000、70 ページ).

(16)　Cherry, *The Evolution of British Town Planning*, pp. 98-103.

(17)　A. Jackson, *The Politics of Architecture: A history of modern architecture in Britain* (London: Architectural Press, 1970), ch. 5.

(18)　Chamberlin, Powell & Bon, in *Architects' Journal*, 15 January 1953, p. 72.

(19)　代表的な例としては、ベコントリー団地にかんするテレンス・ヤングの同時代の調査がある。T. Young, *Becontree and Dagenham: A Report made for the Pilgrim Trust* (London: Becontree Social Survey Committee, 1934), ch. 32.

(20)　Durant, *Watling*, pp. 116-20.

(21)　アンジェイ・オレクノヴィッチは、ベコントリー団地の歴史を再検討し、居住者の内向的な生活に対するこうした外部からの働きかけが、当時の労働者家族が置かれていた社会経済的状況への無理解に発していたと批判する。Olechnowicz, *Working-Class Housing in England between the Wars*, pp. 223-30.

(22)　M. D. Young and P. Willmott, *Family and Kinship in East London* (London: Routledge and Kegan Paul, 1957). この調査の背景と影響力、結果の代表性などの問題点については、N. Tiratsoo and M. Clapson, 'The Ford Foundation and Social Planning in Britain: The Case of the Institute of Community Studies and *Family and Kinship in East London*', in G. Gemelli (ed.), *American Foundations and Large Scale Research: The Construction

and Transfer of Knowledge (Bologna: CLUEB, 2001), pp. 201–17. 都市社会学におけるその位置づけについては、例えば、松本康「都市社会の構造変容—都市社会 – 空間構造と社会的ネットワーク」奥田道大編『講座社会学 4 都市』(東京大学出版会、1999)、106–12 ページ。

(23) 例えば、イギリス福祉国家成立史の標準的なテキストに見られる、両大戦間期の郊外化にかんする否定的な論調や、郊外化の実証的事例研究を集めた論文集の序章における編者の書き出し、「1815 年から 1939 年にかけて台頭する郊外、それは醜く、無秩序に広がった、取り立てて誰にも愛されない産物であった」を参照されたい。M. Bruce, *The Coming of the Welfare Stat*e Fourth Edition (London: B. T. Batsford, 1968), pp. 282–3 (秋田成就訳『福祉国家への歩み—イギリスの辿った途　第 4 版』、法政大学出版局、1984、444–6 ページ); F. M. L. Thompson, 'Introduction: The rise of suburbia', in F. M. L. Thompson (ed.), *The rise of suburbia* (Leicester: Leicester University Press, 1982), p. 2.

(24) 再評価の流れに先鞭をつけたのは、共に 1981 年に出版された、両大戦間期の郊外住宅地を趣味やデザインの文化史的考察を含めて検討したポール・オリヴァーらの論文集と、建築・都市計画の視点からイギリスにおける郊外の変遷をたどったアーサー・エドワーズの研究である。P. Oliver, I. Davis and I. Bentley, *Dunroamin: The Suburban Semi and its Enemies* (London: Barrie & Jenkins, 1981); A. M. Edwards, *The Design of Suburbia: a critical study in environmental history* (London: Pembridge Press, 1981). なお、郊外化への国際的な関心の広がりを視野に入れたその後の多様な研究の展開については、M. Swenarton, 'Tudor Walters and Tudorbethan: reassessing Britain's inter-war suburbs', *Planning Perspectives*, Vol. 17 No. 3 (2002), pp. 269–86.

(25) Swenarton, 'Tudor Walters and Tudorbethan', p. 270.

(26) 本書でもたびたび参照した Swenarton, *Homes Fit for Heroes*.

(27) M. Clapson, *Suburban Century: Social Change and Urban Growth in England and the USA* (Oxford: Berg, 2003).

(28) 証言集としては、A. Rubinstein (ed.), *Just Like the Country: Memories of*

London families who settled the new cottage estates 1919-1939 (London: Age Exchange, 1991); B. Willbond, *A Home of Our Own: 70 Years of Council House Memories in Leicester* (Leicester: Leicester City Council, 1991), pp. 7–71. 当事者の証言を活用した研究としては、M. McKenna, 'The suburbanization of the working-class population of Liverpool between the wars', *Social History*, Vol. 16 No. 2 (May 1991), pp. 173–89; A. Hughes and K. Hunt, 'A culture transformed? Women's lives in Wythenshawe in the 1930s', in A. Davies and S. Fielding (eds), *Workers' Worlds: Culture and Communities in Manchester and Salford 1880-1939* (Manchester: Manchester University Press, 1992), pp. 74–101; D. Bayliss, 'Revisiting the cottage council estates, pp. 169–200; D. Bayliss, 'Building better communities: social life on London's cottage council estates', 1919–1939, *Journal of Historical Geography*, Vol. 29 No. 3 (2003), pp. 376–95; S. Gunn and R. Bell, *Middle Classes: Their Rise and Sprawl* (London: Phoenix, 2003), ch. 3. さらに、1973年出版の日曜歴史家による20世紀前半ロンドンの郊外化にかんする定評のある研究書の増補版が刊行された。A. A. Jackson, *Semi-Detached London: Suburban Development, Life and Transport, 1900-39* Second Edition, Revised and Enlarged (Didcot: Wild Swan, 1991).

(29)　M. Clapson, *Invincible green Suburbs, brave new towns: Social change and urban dispersal in postwar England* (Manchester: Manchester University Press, 1998); M. Clapson, 'Working-class Women's Experiences of Moving to New Housing Estates in England since 1919', *Twentieth Century British History*, Vol. 10 No. 3 (1999), pp. 345–65; M. Clapson, 'The Suburban Aspiration in England since 1919', *Contemporary British History*, Vol. 14 No. 1 (Spring 2000), pp. 151–74; M. Clapson, 'Cities, Suburbs, Countryside' in P. Addison and H. Jones (eds), *A Companion to Contemporary Britain 1939-2000* (Oxford: Blackwell, 2005), pp. 59–75; M. Clapson, *Working-class suburb: Social change on an English council estate, 1930-2010* (Manchester: Manchester University Press, 2012).

(30)　マーク・クラプソン（椿建也・本内直樹訳）「都市と農村の間―20世紀イン

グランドにおける郊外化とその批判者たち」『メトロポリタン史学』4号(2008年12月), 143-155ページ。

(31) M. Clapson, *A Social History of Milton Keynes: Middle England/Edge City* (London: Frank Cass, 2004), pp. 17-20, 171-7.

(32) http://fass.kingston.ac.uk/research/suburban-studies/

(33) Daunton, *A Property-Owning Democracy?*, pp. 52, 63.

(34) 例えば、M. P. Kleinman, 'Large-scale Transfers of Council Housing to New Landlords: Is British Social Housing Becoming More 'European'?', *Housing Studies*, Vol.8 No. 3 (July 1993), pp. 163-78; D. Maclennan and A. More, 'Changing Social Housing in Great Britain: A Comparative Perspective', *European Journal of Housing Policy*, Vol. 1 No. 1 (April 2001), pp. 105-34; 堀田祐三子『イギリス住宅政策と非営利組織』(日本経済評論社、2005)。

(35) Daunton, *A Property-Owning Democracy?*, pp. 1-2, 115-9; M. J. ドーントン「日本語版への序文」深沢和子・島浩二訳『公営住宅の実験』、1-3ページ。

著者略歴

椿　建也（つばき　たつや）

1959年　東京に生まれる

1984年　慶応義塾大学経済学部卒業

1995年　慶応義塾大学大学院経済学研究科博士課程修了

英ウォーリック大学より Ph. D. in Social History（1993）取得

現在　中京大学経済学部教授

論文：「1940年代イギリスにおける住宅構想とその現実―ポーツマスとコヴェントリーを中心にして―」『社会経済史学』61巻1号（1995年4・5月）；'Anglo-Japanese Exchanges in Town Planning: The Case of Tama New Town in the 1960s and William A. Robson', *Planning History*, Vol. 25 No. 1 (2003)；"Model for a short-lived future'? Early tribulations of the Barbican redevelopment in the City of London, 1940-1982', *Planning Perspectives*, Vol. 27 No. 4 (October 2012).

中京大学経済学研究叢書第21輯

イギリス住宅政策史研究一九一四～四五年

公営住宅の到来と郊外化の進展

2013年3月20日　第1版第1刷発行

著者　椿《つばき》　建《たつ》也《や》

発行者　井村寿人

発行所　株式会社　勁《けい》草《そう》書房

112-0005 東京都文京区水道2-1-1　振替　00150-2-175253

（編集）電話 03-3815-5277／FAX 03-3814-6968

（営業）電話 03-3814-6861／FAX 03-3814-6854

日本フィニッシュ・牧製本

ISBN978-4-326-54960-3　Printed in Japan

中京大学経済学研究叢書

第1輯	国際貿易の理論 柿元純男著	A5判 品　切
第2輯	教育経済学 白井正敏著	A5判 品　切
第3輯	江戸時代の経済思想－「経済主体」の生成－ 川口　浩著	A5判 品　切
第4輯	景気循環の経済学－10年周期の解明－ 岩下有司著	A5判 4,305円
第5輯	非線形計画と非線形固有値問題 中山惠子著	A5判 品　切
第6輯	地方都市レスターの経済発展 渡邊文夫著	A5判 3,360円
第7輯	新しい日本銀行－改正日本銀行法の研究－ 鐘ヶ江毅著	A5判 品　切
第8輯	世代間所得移転政策と家族の行動 釜田公良著	A5判 2,835円
第9輯	国際労働移動の経済学 近藤健児著	A5判 品　切
第10輯	都市鉄道の次善料金形成 －自動車交通との競合下での理論－ 鈴木崇児著	A5判 3,675円
第11輯	投入産出分析と最適制御の環境保全への応用 中山惠子著	A5判 3,465円
第12輯	近世農村地域社会史の研究 阿部英樹著	A5判 4,410円
第13輯	金融機関の経営と株式市場 小林　毅著	A5判 2,835円
第14輯	国際貿易の理論と開発政策 梅村清英著	A5判 3,675円
第15輯	東アジア経済の連関構造の計量分析 山田光男著	A5判 4,935円
第16輯	江戸時代の八事山興正寺 －八事文庫文書にみる尾張高野の歩み－ 阿部英樹著	A5判 5,460円
第17輯	環境，貿易と国際労働移動 近藤健児著	A5判 3,675円
第18輯	日本の景気循環と低利・百年国債の日銀引き受け 岩下有司著	A5判 4,620円
第19輯	幕末・維新期の八事山興正寺 －八事文庫文書にみる尾張高野の明治維新－ 阿部英樹著	A5判 5,460円
第20輯	市町村人口規模と財政 古川章好著	A5判 3,675円

＊表示価格は2013年3月現在．消費税は含まれております．